ACALMA A MENTE

Os desafios e aprendizados de se viver com ansiedade.

LUCIANA CRISTINA CANTÚ

Capa: Júlia Medeiros Rodrigues
Diagramação / Revisão: Equipe Lella Malta
Preparação Literária: Lella Malta

Para Ricardo Matzenauer Filho:

Que segurou a minha mão nas noites de tormenta
e sempre teve um abraço acolhedor durante uma crise de ansiedade.
Você me ajudou a ser forte até que eu descobrisse o tamanho da minha força.

SUMÁRIO

PREFÁCIO

Caro leitor,

Seja bem-vindo a esta jornada. Ganhei, da autora deste livro, o imenso presente que é recepcionar e conduzir você ao início desta história, que começa muito antes de o Acalma a Mente existir e que, certamente, não para por aqui. Então, prepare-se: nas próximas páginas, você vai encontrar muito mais do que um livro ou a história de alguém. Você tem em mãos um verdadeiro companheiro.

Luciana Cantú tem uma habilidade inata de nos estender a mão e oferecer o impulso necessário para a escalada rumo à saída dos buracos em que caímos na vida. Eu sou prova viva, ela já me tirou de vários. Naturalmente, as histórias e relatos escritos por ela têm o mesmo poder: fazer com que nos sintamos abraçados e acompanhados nesse caminho.

Antes de iniciar, feche os olhos. Imagine-se sentado a uma mesa, com uma bela xícara de café – ou de chá, como preferir – e imerso em uma conversa franca, fluida e natural com a autora deste livro. Só tome cuidado: a qualquer momento, ela pode derrubar a xícara de café dela em você! (risos)

Não espere encontrar as respostas prontas. Elas não existem. Mas garanto que você vai encontrar acolhimento e inspiração para conduzir seus próprios caminhos, sabendo que não está sozinho e lembrando que, ainda que a ansiedade permeie boa parte da sua história, ela não é você, ela não é tudo o que você tem, ela não te define.

O Acalma a Mente é a história de alguém que sempre sonhou em viajar e conhecer o mundo, mas descobriu que a jornada mais bonita é aquela que nos leva de volta para nós mesmos.

Este livro é a prova de que essa jornada é possível. E o que eu desejo a você, a partir de agora, é uma boa viagem!

Eduarda Neves

"As pessoas mais bonitas que conhecemos são aquelas que conheceram o sofrimento, conheceram a derrota, conheceram o esforço, conheceram a perda e encontraram seu caminho para fora das profundezas. Essas pessoas têm uma apreciação, uma sensibilidade e uma compreensão da vida que enche de compaixão, gentileza e uma profunda preocupação amorosa. Pessoas bonitas não acontecem por acaso".

Elisabeth Kübler-Ross

POR QUE EU DECIDI ESCREVER ESTE LIVRO?

Em 2020, adoeci mentalmente. Desenvolvi Transtorno de Ansiedade Generalizada que trouxe junto consigo uma Síndrome do Pânico arrebatadora e, por conta disso, passei a lutar todos os dias contra os sintomas físicos e também emocionais que a ansiedade nos impõe. Entre um ataque de pânico e outro, sentia-me sufocada lutando contra as minhas próprias emoções.

Coração acelerado, palpitações, mãos suadas, calafrios, sensação de sufocamento, tremores e abalos internos que vinham acompanhados de uma complexa agitação mental cujos pensamentos acelerados se tornavam difíceis de controlar. Parecia insuportável a ideia de administrar tudo aquilo diariamente e passar pelo mesmo sofrimento, semana após semana, sem ter uma luz no fim do túnel para acalmar. Sem ter nenhuma garantia de quando o sofrimento teria fim.

Tomada por um impulso completamente instintivo, resgatei um caderno e voltei a escrever sem pensar em formatos. Foi através da escrita, um hábito tão frequente na adolescência e que abandonei na vida adulta, que encontrei uma maneira de dar vazão aos sentimentos e emoções tão intensas. Ao me reconectar com a minha essência, trouxe à superfície o que estava escondido nas profundezas do meu ser.

Uma vez que pegamos papel e caneta, sintonizamos com o nosso eu interior e, naquele espaço, sem nenhum tipo de julgamento ou pressão, não é necessário usar máscaras, disfarces ou rótulos. É você com você mesmo e, estando livre, não faz mais sentido se esconder. Por conta disso, abre-se um caminho sem interferências do medo, da vergonha ou do preconceito, cujo segredo é silenciar o mundo para escutar a voz que vem do coração. Sem ruídos.

Quando me dei por conta, estava numa intensa jornada de

autoconhecimento, revivendo momentos da infância, ciladas, perrengues e vivências que foram fundamentais para me tornar a pessoa que sou hoje. Neste processo, encontrei por detrás dos escombros, uma criança ainda assustada que precisava ser cuidada e amparada. Uma adolescente com pressa do futuro e uma adulta repleta de angústias e inquietações vivendo no piloto automático, só reproduzindo o que lhe mandavam fazer, sem questionar o sentido das suas escolhas e da própria existência.

Nesta jornada, que não segue uma ordem cronológica de acontecimentos, trouxe desafios e aprendizados que considerei importantes para que você se identifique. Abri, dentro da minha vulnerabilidade, aquilo que compreendi fazer sentido para gerar conexão entre nós, seja através de uma lembrança, uma reflexão, uma história engraçada, um momento de tristeza ou alegria, uma decisão que fiz nos últimos meses ou até mesmo os diálogos realizados na terapia que foram responsáveis por trazer uma compreensão mais profunda de mim mesma, pois acredito que muitas das nossas angústias sejam similares, especialmente se você estiver enfrentando um Transtorno de Ansiedade Generalizada ou a Síndrome do Pânico. O intuito é nos conectarmos através de um lugar comum: a nossa dor.

Por isso, saiba antes mesmo de iniciar a leitura, que este livro não é um manual. Não estou aqui para te dizer o que fazer ou como fazer. Você também não encontrará uma fórmula mágica de sucesso ou felicidade e nem o que deve ser feito para atalhar o caminho. Além disso, não sou especialista na área da saúde mental e, assim, você não encontrará conteúdo científico ou estratégias para aprender a lidar com a ansiedade aí da sua casa, ok?

Este livro é um convite para você se encorajar a olhar para dentro de si e buscar as suas próprias respostas — a partir da minha história — que é uma montanha-russa de altos e baixos, mas que é real e não foi envelopada num conto de fadas. E, se ao concluir esta leitura, você estiver com um ponto de interrogação na mente, sedento(a) por trilhar o caminho do autoconhecimento e buscar ajuda, terei concluído a minha missão.

Espero, do fundo do meu coração, que se identifique com a minha jornada, sentindo-se acolhido(a) de alguma forma e estando ciente que fases difíceis podem ser uma incrível oportunidade de crescimento e expansão de consciência, desde que redimensionamos o olhar sobre a nossa dor, em vez de culparmos o mundo por estarmos vivendo algo tão delicado e desafiador. Que nos dias de angústia e sofrimento, sinta que não está sozinho(a) e que a ansiedade não terá domínio sobre os seus pensamentos e comportamentos para o resto da vida.

Compartilhadora é a palavra que uso para descrever as pessoas que passaram por alguma experiência transformadora e sentem necessidade de passar adiante aquilo que aprenderam por ser insuportável a ideia de guardar para si mesmo.

Compartilhadora é como me percebo.

Compartilhadora é como me sinto.

Compartilhadora é o que me tornei ao fazer as pazes com a ansiedade.

"O que sobrou da tempestade?
Se você ainda está de pé, sobrou o recomeço".

Filipe Mantovan

1

QUANDO EU PERDI O CONTROLE DAS MINHAS EMOÇÕES

Tudo começou em março de 2020 quando viajei para São Paulo a trabalho, numa semana agitada e intensa: dois grandes eventos com intervalo de doze horas entre eles. Até aí tudo dentro da normalidade da rotina de pessoas que trabalham com marketing, né? Embarquei em um voo matinal e sentei-me na janela do avião, pois olhar para fora faz com que eu me sinta livre. Divago, imaginando ser um pássaro na imensidão do céu azul voando entre as nuvens. Perto do pouso, sinto um tremor estranho percorrendo todo o meu corpo, acompanhado de uma sensação de sufocamento como se todo o ar do mundo não fosse suficiente para mim.

Queria gritar, mas tive vergonha de pedir ajuda. Sufocada, era como estava me sentindo. Baixei a cabeça entre as pernas chorando até soluçar. Instintivamente falando, a ansiedade te prepara para fugir ou lutar, sendo que eu não tinha nenhuma das duas alternativas para recorrer naquela situação.

“Dentro de instantes pousaremos no aeroporto de Guarulhos. Mantenham os encostos da poltrona do avião na posição vertical, suas mesas fechadas e travadas. Observem os avisos luminosos de apertar os cintos”, foi o que disse a aeromoça ao passar as instruções de segurança para todos os passageiros daquele voo enquanto eu buscava entender o que estava acontecendo comigo.

Respiração curta, acelerada e ofegante. Mãos suadas, um nó trancado no meio da garganta e lágrimas que escorriam pelos olhos sem parar. Sentia o coração tão acelerado como se estivesse correndo na velocidade máxima da esteira, mas o que causava o desespero é que permanecia sentada numa poltrona, não estava correndo.

Até o avião pousar, foram os minutos mais longos da minha vida, pois lutar contra a ansiedade é exaustivo. Quando os passageiros começaram a se levantar, ainda me sentia elétrica, agitada e agoniada, mesmo que o pior já tivesse passado. Só queria sair rápido dali e direcionei-me até a esteira rolante em passos largos para pegar a mala. Chamei um táxi e fui para o escritório trabalhar. Ativei o modo fuga e saí daquele lugar o mais rápido possível.

Naquele dia, várias e extensas reuniões foram feitas, mas o medo me acompanhava em tempo integral, pois estava preocupada o suficiente me questionando internamente — numa batalha que travei com os meus próprios pensamentos — se aquela sensação voltaria a atormentar e o que eu faria dentro do escritório na frente dos colegas de trabalho caso acontecesse. O medo do medo te coloca numa sinuca de bico, já que o círculo vicioso se repete de forma ininterrupta.

Ansiedade antecipatória.

Crise.

Medo durante a crise.

Medo de ter uma crise novamente.

Medo de perder o controle.

Medo de enlouquecer.

Medo de morrer.

Medo.

Muito medo.

Por conta dessa agitação do que pode acontecer, mas nada acontece, é que a nossa atenção, concentração, energia mental e física começam a ser consumidas. O *looping* exaustivo te deixa sem forças para lutar e a vontade de sumir do mundo sem deixar rastros, é maior que tudo.

Entrei na sala de reuniões para falar da última entrega do dia, que era o maior projeto da companhia daquele ano, na qual havia muitas pontas ainda para amarrar, planejamento a construir e funções para delegar. Grandes projetos demandam tempo, organização e alinhamento entre as equipes para garantir uma boa execução e, embora eu quisesse muito estar presente fazendo o meu trabalho da melhor maneira possível, sentia-me sem forças. Contudo, encostei-me contra a parede e dei início a reunião, apresentando aos parceiros as ideias a serem debatidas em conjunto.

Ao sentar-me na cadeira, senti a umidade na palma da mão aparecendo com ondas fortes de calor percorrendo todo o corpo, alternando de intensidade. Tremores internos, palpitação e confusão mental faziam parte do conjunto. Naquele exato momento, desliguei o que estavam falando ao meu redor e concentrei a energia no que tinha controle, tentando disfarçar para que ninguém percebesse o que estava acontecendo dentro de mim. Entretanto, segundos depois, entendi ser impossível. Chacoalhava as pernas e os braços sem parar, na tentativa de a agitação ser esvaída pelos movimentos incessantes.

"EU VOU MORRER", pensei depois de sentir uma pontada forte no meio do peito que me fez inclinar por cima da mesa, colocando as duas mãos sobre o coração. "EU VOU MORRER", era o único pensamento que surgia sem cessar enquanto eu me questionava se estava infartando, já imaginando a cena de estar deitada no chão do escritório com os paramédicos chegando para me socorrer. Ao fechar os olhos, podia ouvir o barulho da sirene cada vez mais próximo.

Levantei-me correndo, abri a porta da sala e me direcionei ao banheiro, sem avisar ninguém. Chorei em silêncio sentindo o peso da culpa rasgar-me por completo por ter que sair daquela maneira no meio de uma reunião tão importante sem falar o que estava acontecendo. Enquanto chorava escondida, o medo me assombrava, na certeza de que o pior estava prestes a acontecer.

A parte mais difícil de lidar com a ansiedade, é a intensidade com que ela se manifesta quando atinge níveis elevados. O sofrimento se origina no imaginário, mas as reações físicas são reais e perder o controle das emoções é doloroso demais. Difícil de lidar e mais ainda de aceitar. O medo aparece, toma conta e nem sempre conseguimos explicar.

Algumas horas passaram enquanto permanecia sentada no chão do banheiro com a cabeça encostada na tampa do vaso depois de vomitar, até sentir que estava pronta para voltar. Mas, quando retornei, a reunião já havia encerrado, os convidados tinham ido embora e os colegas queriam saber o que tinha acontecido. Negligenciei a mim mesma por vergonha, dizendo ser só um mal-estar repentino e que não deveriam se preocupar. Estava tudo aparentemente bem.

Sabe quando o mundo lá fora não pausa para você se recuperar? Pois então, foi exatamente o que aconteceu. A velocidade e a quantidade de projetos deveriam ser concluídos independentemente da minha saúde mental estar em ordem ou não e, sobretudo, eu não me daria tamanho luxo de adoecer àquela altura do campeonato depois de ter me dedicado tanto para que tudo saísse perfeitamente. Por isso, continuei a rotina e logo percebi estar usando um mecanismo de defesa para me proteger: não falar nada a respeito, não pedir ajuda, não deixar que percebessem, não mencionar.

Por meio de um escudo invisível, coloquei uma máscara protetora sobre o meu rosto, resolvendo tudo que tinha para entregar e sem abrir muito espaço para perguntas, entregando todos os projetos sem questionar. Sem relutar. Apenas fiz o que deveria ser feito para retornar o quanto antes para a minha casa.

...

Dias depois, ao girar a fechadura da porta, repentinamente sinto uma coceira percorrer todo o meu corpo. Uma coceira esquisita que ora estava nas pernas, ora nos braços — e que subia pela barriga, o pescoço e até mesmo o meu rosto, deixando-o completamente irritado e sensível. Nunca senti nada igual. Então, deduzi ser algum creme, sabonete ou produto novo que tinha usado na pele nos últimos dias no banheiro do hotel e que estaria me dando algum tipo de alergia.

Estava exausta, faminta e não queria mais pensar em problemas, pois ansiava por uns minutos de paz no conforto da minha casa, por isso, abandonei as malas logo na entrada e me direcionei até o armário da cozinha, onde peguei um pacote de *chips* de batata doce com páprica defumada, acomodei as costas no sofá e, com calma, abri o pacote para saborear os pedacinhos do salgadinho enquanto procurava o controle para ligar a televisão e assistir uma série nova na *Netflix*. Considerei que esticar os pés, acomodar as costas, mergulhar em almofadas e relaxar seriam ótimas recompensas depois de dias tão exaustivos. Só que quanto mais tentava manter o foco olhando as novidades sobre a tela, mais forte a coceira se tornava, sendo impossível prestar atenção em qualquer outra coisa que não fosse aquele calor insuportável que estava subindo e irradiando por todo o corpo, sem exceção.

De forma intensa, parecia que alguém tinha jogado gasolina e acendido um fósforo sobre a minha pele porque a sensação era de estar pegando fogo. Acendi a luz, olhei-me no espelho e entrei em pânico. Numa questão de segundos, tudo estava tomado de urticárias — umas placas vermelhas com bordas bem arredondadas — que coçavam incessantemente. Quando vi a potência daquela crise alérgica, de imediato, senti o coração acelerar de uma forma não sentida até então.

Gritei horrorizada.

Implorei por ajuda.

O corpo inteiro formigava.

Só que eu estava sozinha em casa e não tinha ninguém para me socorrer. Meu namorado estava trabalhando e não quis incomodar os vizinhos, então joguei-me contra a parede para que ela pudesse me sustentar, sentindo o coração explodir, as pernas tremerem, o suor escorrer pela nuca e o formigamento irradiar pelos braços como se estivesse anestesiada. Logo depois, sentei-me no chão porque não conseguia mais permanecer em pé, pois sentia-me tonta como se tivesse girado por horas em algum daqueles brinquedos giratórios que têm nos parques de diversões. Mal estava me recuperando de um ataque e outros vieram na sequência sem que eu pudesse assumir o controle das minhas próprias emoções.

De verdade, não entendi muito bem o que estava acontecendo e não fazia ideia de como interromper aquele ciclo vicioso e ininterrupto de crises que estava me deixando completamente atordoada. O medo é uma das nossas emoções básicas, mas quando não sabemos nos relacionar muito bem com ele, toma proporções gigantescas, sabe? Uma pessoa sem ansiedade, teria visto aquela alergia e pensado: "Ok, preciso tomar um remédio e logo vai passar". Uma pessoa ansiosa e diagnosticada com Síndrome do Pânico, pensa automaticamente: "Essa alergia fechará minha garganta e vou morrer. Me leve urgentemente para o pronto-socorro que não vai dar tempo, corra que é grave demais".

A partir daquele dia, vivenciei uma das fases mais desafiadoras e complicadas da minha vida, pois perdi a tranquilidade de fazer uma refeição, trabalhar, sentar-me no sofá ou permanecer deitada. Era impossível fazer qualquer atividade e, ao mesmo tempo, controlar a angústia, a agitação e os pensamentos aterrorizantes que insistiam em dizer que tinha alguma coisa errada com a minha saúde. Caminhava de um lado para o outro buscando uma maneira de ter paz, tentando controlar de alguma forma a minha mente que mais parecia uma obra em construção de tanto barulho e ruído que fazia.

Não importava o quão ruim tinha sido a crise de ansiedade ou ataque de pânico anterior, a próxima era sempre pior, mais demorada e intensa, o que, consequentemente, me fez visitar muitos especialistas numa curta janela de tempo. Duvidei que a falta de ar pudesse ser emocional, por isso, fui ao pneumologista investigar para descobrir que não tinha nada de errado com os meus pulmões.

Duvidei que as cólicas abdominais insuportáveis pudessem ser emocionais, por isso, fui ao gastroenterologista investigar para descobrir que não tinha nada de errado com o meu estômago ou intestino.

Duvidei que a taquicardia e a palpitação pudessem ser emocionais, por isso, fui ao cardiologista investigar para descobrir que não tinha nada de errado com meu coração.

Nada.

Absolutamente nada de errado.

As engrenagens estavam funcionando perfeitamente.

Só que depois de tantas consultas, exames e escutar de diferentes profissionais que a minha saúde física estava excelente, finalmente entendi que as minhas emoções estavam desencadeando todos os sintomas que meu corpo estava apresentando. Sentia estar andando em círculos prestes a cair em um buraco muito profundo e, embora eu gritasse, ninguém me via. Ninguém me escutava ou compreendia.

Se aquilo fosse um jogo de videogame, estava presa na fase que causava dor, o que implicava dizer que eu mesma teria que descobrir como ir para a fase seguinte. Juro, com todas as minhas forças, não fazia ideia por onde deveria começar.

VOCÊ NÃO É ...

O ENTALO NA GARGANTA
O ARREPIO NA PELE
E O MEDO QUE PARALISA

VOCÊ NÃO É ...

A VERTIGEM QUE ATRAPALHA
OS PENSAMENTOS ACELERADOS
E O MEDO DE PERDER O CONTROLE.

VOCÊ NÃO É...

A TAQUICARDIA ANGUSTIANTE
A INSÔNIA DIÁRIA
E AGITAÇÃO QUE NÃO TEM FIM.

VOCÊ NÃO É A SUA ANSIEDADE.

"Na tentativa de passar pela vida sem dor, negamos a oportunidade de mudar aquilo que nos prejudica".

Jeffrey Young

2

ESCREVER PARA SE REENCONTRAR E SE LIBERTAR

Durante intermináveis semanas, acordei ansiosa, com taquicardia, suor nas mãos e calafrios. Um aperto no peito que parecia esmagar meu coração sem dó nem piedade, enquanto ele reagia batendo forte em descompasso. Qualquer pessoa que sinta na pele os impactos da ansiedade, sabe o quão desanimador pode ser abrir os olhos e já ser absorvida em tanto desconforto. Naquela manhã, olhei para o relógio e eram apenas sete horas, mas o meu estado mental, corporal e emocional já se encontrava em total descontrole.

Continuava buscando ajuda com inúmeras alternativas sem recorrer a medicação tarja preta ou tarja vermelha, uma escolha totalmente pessoal não tomar ansiolítico novamente, pois já tinha tomado na adolescência e não queria voltar a tomá-lo na vida adulta. Decisão que respeitei até que me orientassem ao contrário. Enquanto tivesse forças, continuaria lutando contra a ansiedade.

Sobretudo, seguia andando para lá e para cá dentro de casa. Angustiada, passei a manter-me ocupada com atividades domésticas já que desenvolvi uma fobia em ir à academia, uma vez que a taquicardia fazia parte da minha existência e os batimentos cardíacos dificilmente desaceleravam de forma natural. Não conseguia imaginar meu corpo aguentar ainda mais aceleração através de uma musculação ou uma atividade aeróbica, por isso deixei de me exercitar por um tempo.

Acredite, de certa forma, organizar os armários, as gavetas

e o roupeiro dobrando cada peça de roupa vagarosamente sem me fazer gastar muita energia, era o que me entretia e animava. Além disso, passei a pesquisar sobre os benefícios da meditação e do *mindfulness*, enquanto arrastava meu tapetinho de *yoga* pela sala, dedicando boas horas diárias no *Youtube* na tentativa de aprender alguma estratégia ou prática que pudesse diminuir aquela agitação interior tão desconfortável que sentia.

Aos pouquinhos, a passos de formiguinha, fui aprendendo a importância da respiração consciente e de fixar os pés no momento presente sem sofrer tanto pelo futuro. Faltava-me apenas paciência para colocar em prática o conteúdo que absorvia dia após dia, intercalando técnicas de respiração com exercícios de atenção plena. Nas primeiras vezes, era simplesmente impossível permanecer mais do que um minuto sentada com as pernas cruzadas, mas quanto mais tempo eu praticava, alinhava a coluna e respirava, mais aquele comportamento direcionava-me ao encontro comigo mesma. E, embora seja bastante desafiador no início, surgiu na minha vida como uma possibilidade. Uma alternativa. Um novo caminho.

De todo o meu arsenal de estratégias de entretenimento, deitar ou dormir não era uma opção. Descansar, muito menos. Mande um ansioso se escorar no sofá para manter-se calmo e você entenderá que é impossível. Aliás, em hipótese alguma, mande um ansioso se acalmar, ok? Porque isso não funciona e vou te explicar porquê:

Porque a ansiedade — como mecanismo de sobrevivência — prepara nosso organismo para fugir ou lutar para enfrentar o perigo, por isso, temos uma pecinha chave que é o centro emocional do nosso cérebro e que funciona como um alarme, a tal da amígdala cerebral. Assim que uma ameaça é identificada, a amígdala é ativada e uma descarga de adrenalina é despejada preparando o corpo para enfrentar alguma situação de perigo, que pode ser uma ameaça real ou uma ameaça interna originada pelos nossos próprios pensamentos.

O coração dispara, a respiração acelera, os brônquios se expandem e os vasos sanguíneos se dilatam. Tudo perfeitamente orquestrado para que chegue oxigênio suficiente aos músculos que são exigidos para lutar ou fugir. Na prática, o nosso mecanismo de sobrevivência é perfeito, mas está sendo usado de forma *equivocada* por nós ansiosos.

Agora pense o seu corpo todo se preparando para enfrentar um perigo real que poderia ser um cachorro bravo da raça Rottweiler, gigante, salivando, latindo e correndo atrás de você na rua e, de repente, usamos toda essa capacidade de sobrevivência do nosso organismo por causa de um pensamento atravessado na primeira hora do dia que insiste em dizer que uma dorzinha na lateral da cabeça poderia ser sintomas de um AVC hemorrágico e que não dará tempo de chegar no hospital? Ou que aquele desconforto no meio do peito que surgiu, depois de horas trabalhando com a coluna totalmente curvada sobre uma mesa, em que você não lembrou de corrigir a postura, pode ser um ataque cardíaco?

Sufoco, né?

Pois saiba que isso é viver com ansiedade. Não adianta dizer que devemos nos acalmar porque não funciona. Não funciona mesmo. A mente não é como desligar o interruptor da tomada, numa rápida função de liga e desliga. Os seres humanos são muito mais complexos, têm necessidades individuais que precisam ser compreendidas e, sobretudo, identificadas. Existe um caminho a ser percorrido até identificar os gatilhos que ativam nossa mente e que nos colocam em situações de apuro.

Foi tendo a compreensão que precisava entender um pouco mais sobre o assunto, que caminhei até uma livraria e — como se estivesse num parque de diversões — procurei por títulos que me despertassem o interesse. Enquanto caminhava por entre os corredores, cruzei com um livro cinza que estava no topo da prateleira cujo título dizia: "Livre de Ansiedade" do autor Robert L. Leahy, que me pareceu um tanto quanto atrativo. Pedi ajuda da atendente para alcançá-lo e o comprei, sem pensar duas vezes.

Eu poderia ficar horas reclamando da vida, mas escolhi traçar um caminho que trouxesse um pouco mais de clareza para o que estava acontecendo, ao mesmo tempo que manter-me ocupada aprendendo, estudando e lendo me parecia uma ideia bastante interessante. Tão logo iniciei a leitura, simpatizei de cara com a história da Carolyn, uma das personagens fictícias da história e, que assim como eu, passava um perrengue por conta da ansiedade.

Ela estava sempre tensa, inquieta e esperando que o pior pudesse acontecer a qualquer momento. Tinha pânico em estar fora de casa, em lugares fechados ou em ambientes altos. As crises chegavam de repente, sem aviso prévio e eram capazes de atormentar porque traziam junto consigo um tremendo mal-estar físico.

Senti uma profunda empatia pela personagem e por sua dor, que embora fosse fictícia dentro do enredo, sabia ser bastante impactante e limitante na vida real. Trouxe consciência que, ao furar a minha bolha, muitas outras pessoas poderiam estar passando pela mesma situação e enfrentando vivências até mais desafiadoras que a minha. Segui compenetrada, curiosa, devorando página por página e descobrindo que a ansiedade é a condição psicológica mais comum pela qual estamos passando e que se continuarmos levando uma vida tão acelerada, iremos adoecer cada vez mais cedo.

Passo a compreender também, através das palavras do autor, que grande parte da nossa ansiedade é por causa da herança biológica que carregamos e que os nossos ancestrais viviam em um mundo onde o medo era constante. Eles precisavam lidar com perigos reais e, embora tenhamos evoluído muito como espécie, os nossos instintos de sobrevivência ainda são primitivos.

Se antes o que causava medo poderia ser comer uma planta e descobrir que era venenosa ou estar caminhando tranquilamente e do nada ser surpreendido por um tigre faminto correndo em sua direção, hoje os nossos pavores podem ser a sobrecarga de tarefas, o cancelamento na internet, os infinitos boletos para pagar, a pressão que carregamos para criar os nossos filhos, sermos aceitos pelos nossos pais ou dar conta de tudo. Independentemente do cenário, a ansiedade é a mesma.

Presto atenção no conteúdo que reforça a importância de *questionarmos a veracidade dos nossos pensamentos* para descobrir que nem sempre eles são reais. Que a nossa mente nos assusta porque se baseia em crenças que estão profundamente enraizadas, sendo necessário muito enfrentamento para modificá-las. Por isso, releio várias vezes o trecho em que o autor diz:

"Praticar permitirá que você reverta suas ansiedades, mas não lutando contra elas ou tentando eliminá-las; a chave do sucesso, ao contrário, é se distanciar de seus medos - alterar sua perspectiva de modo que não seja mais uma vítima de sua própria mente. Há um grande princípio orientador: seu nível de medo não é determinado pela situação em que se encontra, mas sua interpretação dela. Quando a interpretação muda, muda também toda sua sensação sobre o que causa medo e sobre o que não causa. Uma vez que os monstros, demônios e fantasmas que sua mente cria finalmente desaparecem, o caminho para um mundo melhor se abrirá para você".

Robert L. Leahy, Livre de Ansiedade, (2011).

— É isso!

Gritei em tom de entusiasmo quando comecei a entender

que continuaria sem sucesso enquanto permanecesse brigando com a minha mente para me ver livre da ansiedade. Pela primeira vez, passo a aceitá-la como algo que faz parte de mim. Que em vez de tentar eliminá-la, deveria reconhecer quais eram os meus pensamentos ansiosos e encarar os meus medos de frente, mudando a interpretação sobre eles. Não me iludo achando que seria uma tarefa fácil, mas pelo menos uma luz no fim do túnel começa a aparecer e, sendo bem honesta, uma luz é muita coisa para quem não tinha nada até então.

Tomada por um impulso completamente instintivo, senti que escrever as minhas emoções num caderno para extravasar o que estava sentindo seria uma escolha vinda do coração. Folhas de papel e caneta parecem ser uma combinação bem poderosa, uma vez que me reconectava com a essência da escritora que um dia já morou dentro mim, mas que não encontrou um solo fértil para que pudesse crescer, se desenvolver e continuar habitando. Junto com as obrigações que vieram com a vida adulta, a enxotei a pontapé sem dó nem piedade. Todavia, depois de alguns anos, senti que de alguma forma, tinha chegado o momento de reencontrá-la.

Busquei dentro das gavetas, onde encontrei um caderno velho com as folhas já amareladas, em que escrevi na primeira página: ANSIOSA EM (DES)CONSTRUÇÃO. Porque sabia que dali para a frente teria um árduo trabalho em desconstruir tudo que haviam me ensinado como certo e, que de algum jeito, já não me servia mais. Deixei vir à tona o que estava entalado e que precisava dar vazão urgentemente.

Contudo, senti a raiva atravessar a ponta dos dedos, enquanto um turbilhão de pensamentos começava a se transformar em ideias embaralhadas e confusas. Mas, naquele momento, não me preocupei com a forma com que as palavras estavam sendo escritas, pois queria colocá-las para fora e tirá-las de dentro de mim para que pudessem sair das sombras e ir de encontro com a luz. Foi quando escrevi:

Odeio sentir todo esse desconforto físico e mental.
Detesto a ideia de ter que lidar com a ansiedade todo santo dia.
Me sinto culpada a maior parte do tempo.
Tenho a sensação de que vou explodir de tanta agitação.
Meu coração parece fazer parte de uma escola de samba.
Crises alérgicas me deixam em pânico.
Não quero permitir que meus medos me paralisem para sempre.
Tô cansada de dar conta de tudo e tentar acertar sempre.
Como abro mão do perfeccionismo?
Como lidar com essa autocobrança excessiva sobre os meus ombros?
Por onde começar?

Releio cada uma delas com cuidado e atenção, interpretando o que estava tentando dizer no momento em que foram escritas, pois algumas estavam borradas com as lágrimas que escorreram dos meus olhos enquanto segurava a caneta. Em cada frase, podia sentir o sofrimento quase se materializando e tomando forma. Libertá-las teve um poder curativo, embora eu não soubesse como lidar sozinha com todas aquelas emoções e reconhecesse que estava precisando de ajuda.

A partir do momento que colocamos para fora, possibilitamos que nossas tormentas se transformem e ressignifiquem. Quando tudo está guardado dentro de nós, sufocamos e fortalecemos nossos monstros, tornando-os ainda mais complicados de enfrentar.

Senti uma pequena pontada de alívio recheada de esperança ao exteriorizar em palavras, mesmo que em frases tão densas de ler, o que de verdade sentia. Não estava mais só, pois estava na companhia de todos os meus demônios e, dentro do redemoinho causado pelo vento das minhas emoções, fomos apresentados pela primeira vez.

VOCÊ NÃO É ...

A FALTA DE AR QUE SUFOCA
OS MEDOS QUE ASSOMBRAM
E A DOR NO PEITO QUE ASSUSTA.

VOCÊ NÃO É ...

A TREMEDEIRA QUE ESTREMECE A ALMA
AS CRISES DE CHORO
E A ANGÚSTIA QUE NÃO PASSA.

VOCÊ NÃO É ...

O NÓ NA GARGANTA
A PALPITAÇÃO DILACERANTE
E TODO O DESCONFORTO FÍSICO QUE TRAZ.

VOCÊ NÃO É A SUA ANSIEDADE.

"A ansiedade é semelhante a uma cadeira de balanço:
Exige que você faça alguma coisa, mas não o conduzirá a nenhum lugar".

Vance Havner

3

ALERTA ANSIEDADE: UMA DÉCADA DE CILADAS

Sabe aqueles dias em que tudo que precisamos é um bolo com cobertura de chocolate para acolher nossas emoções e aquecer o coração? Pois então, a comida, às vezes, desempenha esse papel de preencher, trazer acolhimento e conforto. Cozinhar é uma espécie de terapia, ainda mais quando colocamos uma dose extra de amor e paciência durante o preparo. Um bolo de chocolate então, nem se fala.

Tem poderes mágicos.

Ele é capaz de salvar um dia ruim, sério mesmo.

Só de imaginar a calda derretendo na boca junto com uma xícara de café preto é o que me faz correr para a cozinha, buscar nos armários e na geladeira todos os ingredientes necessários para prepará-lo. Leite condensado, achocolatado, farinha, fermento e os ovos. Separo todos os itens no balcão, enquanto unto a forma com manteiga, ligando o preaquecimento do forno. Misturo os ingredientes na batedeira e deixo que a massa fique mexendo e, no paralelo, separo o pó do café e o filtro, já ligando a cafeteira.

Ocupo-me cantarolando uma música, dançando pela cozinha alegremente repetindo o refrão em voz alta e, no momento que derrubo o pacote de farinha no chão, a bagunça se instaura. É pó branco para todos os lados, do chão até as paredes e, a calça preta que uso, está completamente esbranquiçada. Rio das minhas próprias trapalhadas e confusões. Dentre as muitas coisas que a ansiedade tem me ensinado ultimamente, curtir o momento presente tentando não me angustiar ao tentar ser perfeita em tudo que me proponho a fazer, está no topo da lista.

Se sujou, é só limpar.

Se quebrou, é só comprar um novo ou consertar.

Se não ficou da forma que se imaginava, *tá* tudo bem.

Lidar com a realidade de como as coisas são e não de como eu gostaria que elas fossem, pode ser libertador. Querer que tudo saia exatamente da maneira que imaginamos chega a ser prepotência da nossa parte, é sufocante. Além de tudo, quando ficamos presos às nossas expectativas e não enxergamos a imensidão das oportunidades que o universo tem a nos proporcionar, nós perdemos mais do que ganhamos. Às vezes, estamos tão focados naquilo que almejamos que não vemos, mesmo que esteja debaixo dos nossos olhos, coisas valiosas que chegam até nós.

Divago, deixando meus pensamentos voarem alto até que o *plim plim* do forno interrompa, avisando que o bolo está pronto. Em questão de segundos, volto a realidade abrindo a porta do forno, sentindo um cheiro maravilhoso preenchendo todo o ambiente. Tiro-o e deixo esfriar.

Na panela, dou início ao preparo da calda, onde mexo vagarosamente até que ela atinja o ponto ideal que é o meio termo entre o duro e o mole. Com o dedo indicador, dou uma beliscada no chocolate derretido colocando-o rapidamente na língua, pois adoro ficar beliscando a comida.

— Que delícia — sussurro baixinho.

Sobra muita calda de chocolate, de forma que, tenho a genial ideia de colocá-la bem no centro para fazer um bolo estilo vulcão, em que ao cortar um pedaço a calda toda se derrete maravilhosamente se espalhando pelo prato. Encho uma xícara de café, corto uma generosa fatia de bolo e vou caminhando vagarosamente até a sala equilibrando tudo nas mãos, quando tropeço num pé de chinelo que por algum motivo estava abandonado e esquecido no meio do caminho. Foi quando disparei:

— *Eitaaaaaaaaa.*

Sentar-me no sofá para me deliciar comendo era a ideia inicial do que pretendia fazer. Mas, como boa atrapalhada que sou, viro café nas calças, no tapete e vou equilibrando-me em câmera lenta, movimentando o prato da esquerda para a direita, da direita para a esquerda — numa feliz e angustiante tentativa — de conseguir segurá-lo antes de virar tudo por cima de mim e espalhar o restante pelo chão.

Tudo mesmo.

Porque no que envolve destruição, sujeira e trapalhada sou campeã.

Especialista.

A número um.

A melhor.

Se tivesse um concurso ou campeonato que avaliasse a capacidade e habilidade humana em destruir as coisas, lá estaria eu. Derrubando o que aparecesse pela frente enquanto permito que a minha mente navegue desgovernada sem rumo. Uma gargalhada explode pela garganta no exato momento que lembro das ciladas que já entrei por ser tão ansiosa.

Foram tantas.

Inúmeras.

Incalculáveis.

Para colocá-los na mesma página antes de compartilhar uma das minhas histórias favoritas, preciso que tenham isso gravado na mente: eu tenho um relacionamento de longa data com a ansiedade. Isso implica dizer que até agora partilhei apenas acontecimentos recentes, só que estamos juntas há pelo menos DEZ ANOS. Sabe o que significa? Que completamos uma década marcada por fortes emoções, ondas eletrizantes de adrenalina, incontáveis noites de insônia e muitas consultas médicas ou idas até o pronto-socorro de hospitais.

Se essa relação fosse um casamento, estaríamos comemorando Bodas de Zinco. E o que tem de mais peculiar nisso? É que a principal característica que marca a comemoração de um casamento que chega até esse marco é a maleabilidade.

Maleabilidade.

Pois é exatamente assim que me sinto.

Compreensível, maleável, flexível e elástica, ao mesmo tempo que interiorizo todas as dificuldades e aprendizados pelos quais continuo passando. Essa década expandiu meus horizontes ao ponto de me permitir compartilhar as ciladas que já entrei, enfrentei, superei e que certamente continuarei vivenciando. Escancará-las aqui, neste livro, é um tanto quanto terapêutico, acredite se quiser.

Uma boa história, das tantas que tenho, navega na linha do tempo, pois fui à Itália alguns anos atrás, entrando numa enrascada fiasquenta por ser tão ansiosa. Vista de fora, chega a ser divertida, mas vista de dentro, é o tipo de situação que causa uma angústia tremenda e que não nos faz raciocinar, somente agir com o domínio das nossas próprias emoções.

Além disso, quando falo da Itália, preciso que saibam algo importante que traça um forte vínculo emocional com este país: sou descendente de italianos. Cresci ouvindo meus avós paternos falando palavras do dialeto que foram introduzidas no português. Quando os visitava tanto criança como adolescente, no café da manhã sempre tinha cuca, linguiça e salame frito com banha de porco. Isso para o café da manhã mesmo, que é para a gente ingerir umas oito mil calorias assim de cara após acordar e ter energia suficiente para sobreviver com estoque de comida durante uma semana. Falar deles é aquecer o coração porque me lembro de uma mesa farta e robusta, mesmo que estivéssemos em poucas pessoas.

Nonna, significa avó em italiano, e é a maneira como fui ensinada a chamá-la desde pequena. Ela não perdia a oportunidade de nos oferecer comida, cucas e bolos que preparava de forma totalmente manual e artesanal, com suas mãozinhas pequenas que não aparentavam ter a força que tinha, cujas massas sempre sovava durante horas para que ficassem macias e maravilhosamente gostosas.

Certo dia, enquanto estava sentada no sofá de sua casa, ouvi a história de que os seus avós — no caso, os meus trisavós — vieram de barco para o Brasil no período mais forte da imigração italiana. Uma viagem longa, difícil e que durou mais de quarenta dias, onde precisaram ser corajosos o bastante para abandonar uma vida com seus filhos pequenos e atravessar o continente pelo oceano sem ter nenhuma garantia do que encontrariam do outro lado ou que suas escolhas teriam um final feliz.

Ver, presenciar, ouvir e sentir os traços da cultura que passaram de geração a geração da minha família paterna, despertou dentro de mim, uma profunda curiosidade e interesse em conhecer a Itália para ficar, de certa forma, mais próxima e conectada com as minhas origens. Por isso, em janeiro de 2015, numa época em que eu estava morando na Holanda e não no Brasil, decidi que deveria aproveitar a oportunidade de desbravar outros países da Europa.

Sonhava em conhecer Milão e caminhar dentro da Galeria Vittorio Emanuele tomando um delicioso gelato1 de morango com calda de baunilha para olhar curiosa as vitrines com as marcas mais cobiçadas do mundo. Eu também me imaginava visitando Verona, a cidade de Romeu e Julieta — uma das mais românticas do mundo — enquanto caminhava livremente pela rua sentindo o amor pairando pelo ar. E, por último, visitando o coliseu em

1 Sorvete em italiano.

Roma e atirando moedinhas de costas e com os olhos fechados, na Fontana di Trevi, para ser abençoada ou atendida em algum pedido.

Por isso, mesmo sozinha, fiz as malas e peguei um voo direto para a Itália pela RayAnair, uma companhia aérea de baixo custo que permite levar apenas uma bagagem de mão durante a viagem, onde esses voos são tipo bate-bate já que é com um avião pequeno e num trecho de curta duração. Sem serviço de bordo, o voo sacode pra lá e pra cá o tempo todo.

O sacolejo era mais intenso que sentar-se na última fileira de um ônibus, o que obviamente me fez ficar em pânico, suando frio e segurando as poltronas com força, na certeza que em alguma daquelas sacudidas, o avião despencaria. Já nem sabia mais se mexia tanto por causa de turbulência ou por qual motivo seria, só conseguia sentir fisicamente como se estivesse dentro de um liquidificador na velocidade máxima.

Dentro da fábrica de catástrofes que é a minha própria mente, imaginei o piloto informando a todos com aquela voz calma e sedutoras que os pilotos têm:

— Tripulação, preparar para o impacto.

PREPARAR PARA O IMPACTO.

Em algum momento da minha adolescência, assisti a um filme de um sobrevivente de desastre aéreo cuja história era baseada em fatos reais, de uma surpreendente superação e milagre. Mas, adivinha qual foi a parte que grudou como chiclete no meu inconsciente que não fui mais capaz de remover?

Sim, isso mesmo que você deve estar pensando: Preparar para o impacto.

Impacto.

Só que depois de assistir esse filme, nunca mais fui a mesma. Admito e reconheço tamanha perturbação porque essa frase interiorizou de tal maneira que manchou meu subconsciente.

Como chiclete gruda no cabelo ou como um vinho tinto derramado sobre uma camiseta branca, na qual até podemos tentar disfarçar ou camuflar, embora seja quase impossível removê-la completamente.

Juro, sou incapaz de superar esse filme. Sempre que coloco o pé dentro de uma aeronave, fico alerta, antecipando uma situação de perigo e esperando por aquela maldita frase que ouvi, como se eu estivesse fazendo parte da tripulação ao reconhecer ou identificar um código interno para ter uma vaga tentativa de controle da situação.

Sobretudo, naquele dia, viajando de Eindhoven para Roma Fiumicino, pressenti que a escutaria. Que ela seria dita num inglês que eu nem seria capaz de traduzi-la, mas pressenti: aquele dia era o dia do impacto.

Que não me permitiria aterrizar e conhecer a beleza da Itália, nem cruzar com a origem dos meus antepassados. Nem mesmo sentiria o gosto da pizza com molho de tomate e queijo derretendo na minha boca porque longe de toda a minha família, seria o fim. Estava prestes a despencar.

Podia visualizar o avião se destruindo jogando os destroços pelos ares, pedaço por pedaço. A minha poltrona sendo ejetada para fora na imensidão do céu azul. E, entre fechar os olhos, segurar as poltronas com as mãos geladas, rezar sem parar e sentir o coração pulsando na garganta, sofri sem necessidade durante um voo de quase três horas.

Como sempre. Como nós, ansiosos de carteirinha, sabemos fazer como ninguém: sofrer por antecipação durante horas, dias, meses e anos. Expor o corpo e a mente ao extremo desgaste, criando cenários catastróficos e vivenciando-os de tal maneira que os tornam reais. Ora suportáveis, ora incontroláveis.

Só que nada aconteceu.

Nem em 2015 e nem em todos os outros voos que fiz nos anos

seguintes, o que me fez chegar exausta em solo italiano e cansada na vida porque brigar contra a mente, meus amigos leitores, é como pegar um alfinete e pressionar com força sobre o próprio braço.

Dói.

Machuca.

Causa um tremendo desconforto.

Só que não podemos pedir para outra pessoa remover a agulha que alfineta nossa pele porque nessa batalha diária que é controlar o estado ansioso e os gatilhos que colocam a nossa mente em apuros, somos nós contra nós mesmos, enfrentando os fantasmas que estão no calabouço das nossas emoções.

Para sair mais forte a cada batalha.

Reconhecer e derrotar um monstro por vez.

Durante muito tempo a ansiedade venceu, mas não será sempre assim.

VOCÊ NÃO É ...

AS CATÁSTROFES QUE ACREDITA
OS MEDOS QUE COLECIONA
E OS PENSAMENTOS QUE PARALISAM.

VOCÊ NÃO É ...

A SUA IMAGINAÇÃO FÉRTIL
AS CRISES INESPERADAS
E O CHORO SEM FIM.

VOCÊ NÃO É ...

A AGULHA QUE ALFINETA A PELE
TRAZENDO À TONA
SUAS FORTES EMOÇÕES.

VOCÊ NÃO É A SUA ANSIEDADE.

"A vulnerabilidade é a nossa medida mais precisa de coragem".

Brené Brown

4

VULNERABILIDADE: FUGIR OU ENCARAR O RISCO?

No sentido literal, a palavra vulnerabilidade é uma caracterstica de quem é ou sente-se vulnerável. Se recorrermos ao dicionário, veremos que seus sinônimos são palavras como: fraqueza, insegurança, sensibilidade e desproteção. Por isso, de certa forma, a vulnerabilidade costuma *erroneamente* ser associada a coisas ruins, na qual devemos evitar ou fugir.

Crescemos acreditando que ser frágil é errado e, que nosso papel dentro de uma sociedade que valoriza, aplaude e estimula quem é forte, é consequentemente buscar a fazer o mesmo, encontrando um caminho de ocultar aquilo que sentimos e seguir fazendo de conta que nada está acontecendo dentro de nós.

Quem nunca ouviu dos pais, professores, vizinhos, parentes ou até mesmo de um amigo: "Engole o choro e vai"? Mas, afinal, ir para onde? Que linha de chegada é essa que tanto precisamos atravessar? Quem foi que disse que só existe o primeiro lugar no pódio da vida e que todo mundo precisa ou quer ocupar esse lugar?

Hein?

Como dizer para alguém que tem crises de ansiedade e ataques de pânico diariamente que isso é consequência de uma pessoa fraca? Que abrir um espaço de fala onde ela possa expor suas emoções e sentimentos não é correto e, por conta disso, deve se calar para não ser julgada ou criticada? Como incentivá-la a buscar as respostas do lado de fora, se todas elas estão do lado de dentro?

Se isso é coisa de gente fraca, afinal, o que é ser forte? Porque é evidente que essa lógica está completamente invertida. Diante disso, aprecio e admiro a revolução que a pesquisadora, palestrante e escritora Brené Brown trouxe a respeito da vulnerabilidade quando fez uma palestra no TED Talks, chamada: O poder da vulnerabilidade, e que, consequentemente, resultou na escrita dos livros: A Coragem de Ser Imperfeito, A Coragem de Ser Você Mesmo e Mais Forte que Nunca (aliás, segue uma dica rápida aqui: leiam todos os livros desta autora).

A partir disso, uma luz se acendeu na direção da vulnerabilidade para que as pessoas fossem encorajadas a vencer a vergonha, o constrangimento e pudessem ousar serem elas mesmas, assumindo o risco de acolher suas imperfeições e de se arriscarem, mesmo com medo. Falar sobre isso é, sobretudo, desmistificar muitas crenças enraizadas na nossa sociedade e, principalmente, a de que não é seguro sermos nós mesmos porque, na verdade, ter coragem de ser quem realmente somos é o maior ato de coragem que pode existir. Assumir esse risco é revolucionário.

Eu, como bom ser humano imperfeito, que ora falha e ora tem alguns segundos de coragem, tropecei na minha vulnerabilidade quando criei uma página separada da minha página pessoal no *Instagram* para falar da Síndrome do Pânico. Primeiro o perfil se chamou Não Entra em Pânico e depois Acalma a Mente, que posteriormente, serviu de *insight* para o nome e criação desse livro, quando entendi que não queria mais me esconder através de uma página secundária para falar de um assunto tão importante e, ao mesmo tempo, tão delicado como a ansiedade.

A necessidade de conversas reais tornava-se cada vez mais urgente para que eu pudesse entender que era apenas uma fase ruim e que seria possível sair dela em algum momento. Quando se tem ataques de pânico diariamente, nem sempre temos essa certeza e, somos assombrados com ideias de que nunca mais teremos a nossa vida de volta. É como se passássemos uma régua, definindo e marcando a vida em: antes e depois da ansiedade. Pensar dessa maneira, ruminando pensamentos negativos, pode ser uma tremenda enrascada e, consequentemente, nos leva a cair mais fundo no buraco das nossas próprias emoções.

Durante muito tempo, abria as redes sociais e deparava-me com *feeds* perfeitos, fotos com muita edição de imagem, pessoas sempre magras, plenas, produzidas e bem-sucedidas, que ressoava dentro de mim, gerando uma profunda frustração e sensação de fracasso. Perguntava-me o tempo todo: "Por que isso está acontecendo comigo e não com elas"? Por mais que racionalmente soubesse que as redes sociais são apenas um recorte da vida real, onde as pessoas mostram aquilo que bem entendem e que não necessariamente é verdadeiro — emocionalmente falando — aquelas comparações estavam me fazendo muito mal.

Ver toda aquela perfeição que existe na internet fez com que eu quisesse expor os meus bastidores ao escancarar o quadro da dor da vida real, encorajando-me a mostrar o meu rosto e falar abertamente sobre o assunto. E, mesmo que a Organização Mundial de Saúde (OMS), tivesse sinalizado através do relatório emitido em 2019, que o Brasil era o país mais ansioso do mundo e que mais de 18 milhões de pessoas foram diagnosticadas no nosso país com algum Transtorno de Ansiedade, ficava me perguntando: "Onde estão essas pessoas"? Porque no meu *Instagram* obviamente elas não estavam.

Sério, elas realmente não estavam.

Na era dos filtros, poucos querem pagar o preço de se mostrar de verdade com suas falhas e imperfeições. Quanto mais plastificadas e harmonizadas forem, melhor e mais atrativas se tornam, entretanto, eu não queria ser aquele tipo de pessoa. Queria, de alguma forma, abrir um caminho em direção a essência e realidade, onde entendi que a vulnerabilidade é a estrada que nos leva ao outro, nos permitindo enxergá-lo de verdade.

Ao tomar a iniciativa de construir um perfil, não me preocupei com métricas ou a expectativa de grandes números, mas em poucos meses, mais de cinco mil pessoas já estavam seguindo a página e compartilhando seus relatos. Muitos foram os depoimentos e trocas que fiz através daquele espaço, o que acabou se tornando, a meu ver, uma comunidade.

Surpreendia-me quando lia: "Que legal ver o seu rosto", "Você é tão jovem e bonita" e "Obrigada por compartilhar sua história". Além disso, também esbarrei no preconceito dos seguidores que julgavam e apontavam falas tão cruéis, como: "Mas, você parece ter uma vida tão boa", "Não há motivos para reclamar", "Isso é frescura", "Pensa positivo" ou "Você não tem grandes motivos para estar assim" e "Vida que segue, você precisa superar isso logo".

Não demorou muito para que eu compreendesse que árduo e sinuoso seria o caminho a trilhar quando levantei a bandeira da saúde mental, pois sentia que a grande maioria não estava pronta para o debate, sabe? Algumas até se sentiam impulsionadas e encorajadas a compartilhar a sua dor e sua história, desde que fossem escondidas. Nos relatos que recebia, geralmente as declarações eram privadas, poucos comentários nas postagens em público.

É como se dissessem: "Quero que me escutem, mas que não me vejam porque tenho vergonha de ser assim". Por isso, aprendi a respeitar a decisão de cada uma das pessoas, que na sua grande maioria eram mulheres, que entravam em contato comigo ciente de que, independentemente delas, eu estava escolhendo um lugar de fala.

O meu lugar.

Que me impulsionava a arriscar.

A mostrar que não sou perfeita e nem tenho a pretensão de ser.

Que vulnerabilidade não é fraqueza.

Que a ansiedade faz a gente passar por um perrengue tremendo.

Acolher a dor do outro é, sobretudo, cicatrizar as nossas feridas. Foi isso que me propus a fazer e quanto mais as semanas iam passando, mais eu me inteirava daquele universo novo de criar conteúdo para falar da minha ansiedade, entendendo a responsabilidade, a magnitude daquilo que estava fazendo e do quão precioso era. Nunca vou esquecer da noite que recebi uma mensagem às 3 da madrugada, de uma adolescente de 17 anos que estava pensando em se suicidar por conta dos ininterruptos ataques de pânico que estava enfrentando, mas que havia desistido do plano desde que começou a me seguir e ouvir a minha história.

Fiquei quase duas horas conversando com ela, mostrando que existia sim uma luz no fim do túnel, desde que se permitisse tentar. Insisti para que buscasse ajuda profissional, pois através do relato, tinha ficado claro que aquela batalha estava sendo travada sozinha, sem contar para ninguém por causa do medo de ser chamada de louca. Eu mesma já tinha sentido na pele o fardo que pode ser carregar a ansiedade sozinha e sabia que era pesado demais, por isso insisti para que fosse compartilhado. Sobretudo, reforço que não existem maneiras de vencer a ansiedade sem ajuda profissional.

No dia seguinte, recebi a mensagem que ela tinha *desistido do plano* de dar fim à própria vida e, ser alguém capaz de despertar o benefício da dúvida nos outros — de talvez usar a vírgula no lugar do ponto final —, me fez ter certeza de que, de certa forma, estava trilhando o caminho certo ao transformar o mundo num lugar melhor. Mais acolhedor e humano. Mesmo que eu fizesse a diferença na vida de uma única pessoa, sabia que todo o meu trabalho já estava valendo a pena.

Olhar para a dor do outro e me conectar com o que tinha de

real, fez com que cada vez menos eu buscasse o que é perfeito, tanto na vida pessoal quanto na vida profissional. Há 5 anos, peguei o diploma de graduação em publicidade e propaganda, mas comecei a trabalhar em agências de publicidade desde o início do curso, então, no meu currículo, já são nove anos dedicados à comunicação, sempre trabalhando nos bastidores e atrás das câmeras, passando por agências e empresas de pequeno, médio e grande porte.

Sempre.

Fiz vários cursos de *photoshop* e, durante um período, aventurei-me trabalhando com a criação de anúncios e correção das imagens dos produtos. Muitas horas da minha vida foram dedicadas removendo as imperfeições da pele das modelos, das celulites em suas pernas, clareando seus dentes e removendo suas acnes ou qualquer tipo de mancha. Estrias então, nem pensar!

Todos os caminhos levavam ao inalcançável, nada perto da realidade. Inclusive, quanto mais real fosse, menos atraía e vendia. De certa forma, com o passar dos anos, fiquei completamente frustrada com aquele universo porque não me identificava mais fazendo aquele tipo de trabalho. O meu olhar levava-me cada vez mais a buscar por pessoas que quisessem se mostrar como realmente são, não por trás de tanto retoque.

Inesquecível foi o dia em que uma modelo nem se reconheceu na capa da revista e nas fotos que liberamos para serem colocadas em *outdoors* em todo o estado, de tanto que havia sido modificada e alterada. Se nem ela se identificava com uma cintura tão curvilínea e perfeita, o que restava para nós que jamais alcançaremos aquele padrão e ainda teremos que lidar com os sentimentos de frustração, culpa, raiva e vergonha dos nossos corpos justamente por serem reais?

Reais.

Manter esse sistema era continuar fazendo dele algo tóxico

e doentio principalmente para nós mulheres. Eu, inclusive, havia caído num buraco que, de certa forma, ajudei um pouquinho a cavar nos últimos anos e, embora entendesse que o mundo funcionava daquela maneira, sentia-me querendo ir na contramão, desconstruindo várias verdades que me foram ditas como absolutas.

Por isso, fui despertando para novos olhares e novas maneiras de me comunicar. Para ajudar a estourar a bolha e mostrar que nos bastidores, tem verdade.

Tem dor.

Vulnerabilidade.

Imperfeição.

Falhas.

Mas que, sobretudo, tem coragem.

Verdade.

Porque é real.

E que tudo isso faz parte da natureza humana.

VOCÊ NÃO É ...

A ARMADURA,
E OS FILTROS
QUE LEVAM À PERFEIÇÃO.

VOCÊ NÃO É ...

AS EMOÇÕES DIFÍCEIS
DE EXPLICAR
E DE SENTIR.

VOCÊ NÃO É ...

UM PADRÃO A SER VIVIDO
E REPRODUZIDO.

VOCÊ NÃO É A SUA ANSIEDADE.

"Gente não nasce pronta e vai se gastando. Gente nasce não-pronta e vai se fazendo. O grande desafio humano é resistir à sedução do repouso, pois nascemos para caminhar e nunca para nos satisfazer com as coisas como estão".

Mario Sergio Cortella

5

RESILIÊNCIA: NÓS NÃO NASCEMOS PRONTOS

Emprestado da Física, o termo *resiliência* é a propriedade que os materiais têm de voltar ao estado normal depois de serem submetidos a momentos de tensão ou choque. Contudo, ao sairmos da física para refletirmos em nossa vida real, quando pensamos em uma pessoa resiliente, imaginamos aquela que tem a capacidade de lidar com os problemas, superar as adversidades e enfrentar qualquer situação sem se deixar abalar.

É aquela pessoa que surfa sobre as pressões impostas pela sociedade, sem ceder ou recuar. Que pegará sua prancha de *surf*, a colocará embaixo do braço e se equilibrará sobre ondas gigantes como as de Nazaré — com o peito estufado e um equilíbrio irretocável — sendo jogado de um lado para o outro sem despencar. Que, em hipótese alguma, será engolida pelo mar. Ondas que fariam qualquer um de nós não ter coragem de colocar a pontinha dos dedos na água.

Mas, veja bem...

Pessoas resilientes *desenvolveram* essa capacidade, pois não nasceram prontas. Que não foram agraciadas por alguma bênção divina ou celestial, tornando-as diferente das demais. Especiais. Ou raras.

Pessoas resilientes já levaram muito esporro da vida.

Da sociedade.

Família.

Colegas de trabalho.

Amigos.

Parceiros.

Conhecidos.

Acredite, elas aprenderam com cada soco levado na boca do estômago.

Pessoas resilientes fortaleceram a sua musculatura e aprenderam a se preparar para cada novo soco ou rasteira que venham a levar. Caso o esporro seja muito forte, elas vão se levantar depois da queda, pode apostar.

Porque resiliência não é matéria-prima escassa, ela está disponível a todos. Por isso, estou aqui para te lembrar que seres humanos não nascem prontos, seres humanos se tornam aquilo que acreditam ser.

VOCÊ NÃO É ...

AS SUAS CRENÇAS
INSEGURANÇAS
E TORMENTAS.

VOCÊ NÃO É ...

A TEMPESTADE QUE BAGUNÇOU
E TIROU TUDO DO LUGAR.

VOCÊ NÃO É ...

AQUILO QUE TE FIZERAM ACREDITAR.
VOCÊ É O QUE QUISER SER.

VOCÊ NÃO É A SUA ANSIEDADE.

"Posso aprender com a minha experiência meditada e com a do outro. Vivência é intransferível, experiência é transferível.

Eu não posso aprender com a vivência de outra pessoa, mas posso aprender com a experiência por ela relatada.

E posso trazer esses ensinamentos para a minha vivência, nada me impede de aprender com as experiências refletidas dos outros".

Mário Sérgio Cortella

6

APRENDENDO COM OS PRÓPRIOS ERROS

Como vocês podem perceber, a ansiedade se tornou uma das principais forças propulsoras do meu crescimento pessoal e emocional. Na inocência, considerei vencê-la de outra maneira, mas a vida se desenrolou de uma forma completamente diferente do que imaginei. Primeiro, porque não temos controle de absolutamente nada. Segundo, porque ela pode ser bastante traiçoeira. E, terceiro, porque a ansiedade faz parte da natureza humana.

Quando ignoramos completamente a sua existência dentro de nós, ela encontra uma maneira de se mostrar presente e nos tirar a paz. A alegria. A vontade de superar desafios. A coragem de experimentar o novo. Ou, em alguns casos, pode nos roubar até mesmo a vontade de viver.

Ela também confunde a percepção do momento presente e nos engana vendendo a ilusão de que o futuro será tão incrivelmente perfeito, que vivemos o hoje, ansiando pelo amanhã que nunca chega. A ansiedade também pode ser muito perspicaz ao nos fazer enxergar a realidade através de uma óptica confusa, usando a lente do medo. Nesse distorcido mecanismo de proteção e sobrevivência, evitamos lugares, situações, ambientes, pessoas, compromissos e grandes responsabilidades para garantir que estaremos em segurança evitando absolutamente tudo que possa nos trazer algum tipo de desconforto.

Dentro de nós, grita uma vozinha forte e persistente que diz o tempo todo:

— Cuidado, isso é perigoso!

Por conta disso, passamos a viver receosos.

Angustiados.
Irritados.
Preocupados.
Em constante estado de alerta.
Com muito medo.

Substituímos sentimentos bons por sensações ruins, onde catástrofes imaginárias passam a fazer parte de uma rotina na qual criamos cenários péssimos que geralmente não se concretizam. Na verdade, o pior quase nunca acontece e a probabilidade de se tornar real é quase nula, só que nos acostumamos a questionar tudo o tempo todo. Deve ter alguma coisa errada que os outros não estão conseguindo perceber e que somente nós ansiosos enxergamos, não é?

Na adolescência, quando tive o primeiro ataque de pânico, foi o momento em que levei a minha primeira rasteira. Rapidamente agendei uma consulta e, lá estava eu, sentada na cadeira de um consultório psiquiátrico suplicando por uma medicação que removesse os sintomas insuportáveis da ansiedade e que aquela crise isolada me trouxe. Jamais, em hipótese alguma, queria sentir aquilo novamente. Implorei pelo ansiolítico mais potente que tivesse o poder de fazer com que eu voltasse a ser quem era antes. Ao escutar minhas preces e lamentações, foi exatamente o que o médico fez.

Durante alguns anos, segui tomando a mesma dose do mesmo remédio sem nenhum tipo de alteração. Aquilo parecia algo tão maravilhoso e genial que nem questionei. Não me passava pela mente a ideia de questionar o fato de tomar a mesma dose, da mesma medicação depois de tanto tempo. Após, descobri que tinha sido vítima do tal efeito placebo. Não é que o remédio não estivesse mais fazendo efeito, mas o quanto eu acreditava que ele estivesse fazendo, por isso fazia. Apostei todas as minhas fichas na medicação como uma muleta, pois sentia-me incrivelmente segura.

Se mesmo depois de anos, aquela crise nunca mais tinha voltado, parti do pressuposto que provavelmente nunca mais aconteceria. Essa certeza trazia o conforto que eu necessitava naquele momento importante de decisão, onde comecei a indagar e a não querer mais tomar um remédio controlado de uso diário. Àquela altura, estava impactando diretamente no meu orçamento e considerei estar pronta para viver livre dele.

Só que ao removê-lo, constatei que não tinha aprendido a lidar com a ansiedade. Ao mascarar os fatos, ignorei tudo de tal maneira que continuei vivendo de forma acelerada, intensa e frenética e nunca enfrentei os meus medos de frente. Inclusive, acelerar era o meu *hobby* favorito porque estava sempre estudando muito, trabalhando ainda mais e descansando pouco. Os finais de semana não existiam para lazer, pois virava as noites devorando apostilas ou trabalhando no negócio dos meus pais, já que otimizar o tempo podia ser uma alternativa genial.

Pense, fazer várias coisas simultaneamente parecia ser muito inteligente e divertido. Tinha certeza que ser multitarefas me transformaria naquela executiva *fodástica* que projetei dentro da minha própria imaginação que simbolizava e materializava o sucesso. Enquanto estava presa dentro do carro enfrentando uma tranqueira no trânsito, desenvolvi a habilidade de fazer as unhas enquanto segurava o volante com os joelhos. No trabalho, respondia e-mail, entrava em reunião, atendia fornecedores e usava redes sociais tudo ao mesmo tempo. Quanto mais coisas fizesse, melhor.

Dentro de mim, é como se ganhasse uma estrelinha na testa como sinal de reconhecimento ao me desafiar a realizar várias coisas ao mesmo tempo e dar conta do recado. Numa necessidade angustiante de produzir e provar o meu valor, impus uma velocidade difícil de acompanhar e pessoas lentas me irritavam profundamente.

— Tu estás sempre tão acelerada que só de estar perto de ti começo a ficar agitada e até um pouco angustiada — diziam as minhas amigas e também os colegas de trabalho.

Eram frases que entravam por um ouvido e saiam pelo outro na mesma hora. Eu só queria ir mais rápido, às vezes, sem nem saber para onde estava indo. Nunca cogitei a possibilidade de reduzir ou corrigir a rota para viver uma vida mais leve e tranquila porque ao terminar uma meta, tropeçava em outra. Mal atingia um objetivo, já tinha outros trezentos na lista de espera. O impulso de querer mais não podia ser interrompido jamais.

Produzir.

Adquirir.

Conquistar.

Aprender.

Gastar.

Gerenciar mais projetos.

Fazer melhor em menos tempo.

Potencializar resultados.

Abdicar de muitas coisas para ser feliz.

O *looping* era esse, pois a fórmula mágica do sucesso que me venderam consistia em abrir mão das folgas, feriados, finais de semana, descanso e momentos de lazer para ser uma executiva bem-sucedida e, consequentemente, encontrar o caminho da felicidade ao ter muito dinheiro no bolso. De quem eu cobro a conta agora ao descobrir que essa lógica não se sustenta a longo prazo porque não somos máquinas? Poxa, somos seres humanos.

Não é só trocar um parafuso, regular o sistema, baixar um software mais potente e atualizado ou colocar de novo na tomada para voltar a funcionar, aguentando mais um pouco. Na pior das hipóteses, se a máquina chega realmente a estragar, é só comprar uma nova e descartá-la.

Descartar...

Bem, essa palavra me causa um tremendo desconforto.

Porque seres humanos não são descartáveis, ou pelo menos, não deveriam ser. Sobretudo, quando *estragamos,* é isso que acontece porque somos substituídos tal qual uma máquina seria. De forma rápida, instantânea e sem espaço para questionamentos.

Sem ter dimensão do quão danoso esse comportamento acelerado poderia ser a longo prazo, foi que a ansiedade nunca deixou de fazer parte da minha vida, ganhando força a cada ano que passava até que ficou tão forte que me pegou de jeito. Tornou-se paralisante e de uma maneira que se não tivesse sentido na própria pele tamanho impacto e, alguém me contasse, talvez não tivesse acreditado e ainda acharia uma tremenda bobagem, coisa de gente exagerada que aumenta as histórias para se vitimar.

Só que desta vez, ela não surgiu como uma crise isolada, pois se tornaram ataques de pânico diários que não desapareciam. No calabouço da minha memória, até tive a impressão de conhecê-la, mas estava tão diferente. Uma ansiedade mais forte e incontrolável que me fez perder completamente o juízo, se é que algum dia o tive.

Justo quando estava me dedicando incansavelmente por uma boa promoção no trabalho, dedicando dez, onze, doze horas do meu dia durante tantos meses de forma ininterrupta e gritando aos quatro ventos que "foguete não tinha ré" porque acreditava que estava a um passo de realmente decolar na vida, ela me lança ladeira abaixo sem dó nem piedade e sem considerar o quanto de esforço coloquei naquela caminhada rumo ao topo.

Ao descobrir que o sistema nervoso e as emoções deveriam andar de mãos dadas, constatei que, no meu caso, estavam se dando socos, chutes, pauladas e pontapés. Alguma interferência estava realmente acontecendo porque havia um ruído nos neurônios que conectavam o meu corpo com a minha mente, podia quase ouvir as faíscas saindo. E, foi aos trancos e barrancos, que finalmente aceitei que estava na hora de escolher o caminho do autoconhecimento para buscar compreender o que faltava do lado de dentro que eu hiper compensava do lado de fora.

Só que olhar para dentro não é tão simples quanto parece. É necessário estar disposto a percorrer uma estrada cheia de altos e baixos, repleta de pedras e pedregulhos, com curvas sinuosas e estreitas, cujas respostas não surgem de uma hora para outra. Além disso, é preciso ter coragem de se abrir para as transformações que iniciam no nosso mundo interior, mas que depois impactam causando grandes revoluções no nosso mundo exterior.

Sobretudo, é algo que não podemos esperar dos outros porque depende única e exclusivamente de nós mesmos, termos a iniciativa e o impulso de ir atrás da mudança. Só que dessa vez, eu não pegaria o caminho mais curto porque, na prática, descobri que os atalhos costumam ser os caminhos mais difíceis.

Além de tudo, é como dizem por aí: se não corrigirmos os erros do passado, estamos fadados a vivê-los para sempre.

VOCÊ NÃO É ...

AS ESCOLHAS
QUE FEZ NO PASSADO

VOCÊ NÃO É ...

A COBRANÇA DO MUNDO EXTERIOR
E AS ANGÚSTIAS DO SEU MUNDO INTERIOR.

VOCÊ NÃO É ...

A VOZ CRÍTICA DENTRO DA SUA MENTE
QUE EXIGE PRODUTIVIDADE
E PERFEIÇÃO.

VOCÊ NÃO É A SUA ANSIEDADE.

"Só uma palavra nos liberta de todo o peso e da dor da vida: essa palavra é amor".

Sófocles

7

NO MEIO DO CAMINHO DO AUTOCONHECIMENTO: UM AMOR & UMA PANDEMIA

Como se não bastasse todas as batalhas internas que estava travando, fui surpreendida, assim como o mundo todo, pela pandemia do Coronavírus que chegou sorrateira e nos deixou completamente imobilizados, virando nossas vidas de ponta-cabeça. Do dia para a noite, ficamos isolados, preocupados com o vírus, angustiados com a nossa saúde e também em preservar a vida dos nossos familiares ou de quem tanto amamos. Além disso, olhar os noticiários e ver os números de vítimas aumentando sem parar, se tornou uma realidade triste e assustadora que não tinha mais fim, nos colocando numa situação que jamais tínhamos imaginado vivenciar.

Para uma pessoa ansiosa, não ter controle sobre as coisas pode ser um tanto quanto desesperador, agora o mundo todo entrar em colapso sem ter as respostas, parecia algo surreal, coisa de ficção científica de um filme de terror. Por um momento, até tinha a expectativa de que tudo se resolvesse em poucas semanas ou meses, mas a realidade se mostrou ainda mais impactante e complexa. De forma repentina, vi minha rotina ser virada do avesso, pois comecei a trabalhar de home office, me adaptar ao toque de recolher, viver trancada dentro de um apartamento e passei a acompanhar o mundo através da tela do celular, notebook ou televisão, com olhos atônitos vendo que a cada dia que passava, mais complicada a situação se tornava.

Quando os comércios foram fechados, me vi aterrorizada em ir ao mercado comprar o básico de comida, onde encostar em qualquer coisa que pudesse me colocar em contato com o vírus, levava-me ao tremendo desespero. Passei a carregar o álcool gel dentro da bolsa e aplicá-lo repetidas vezes tentando me proteger. Por causa do isolamento, as crises atingiram um ápice que jamais imaginei vivenciar, e de um ataque de pânico diário, a doença evoluiu para dois, três, quatro, cinco, seis ataques, que me levavam do céu ao inferno numa questão de segundos. Posso até tentar colocar em forma de texto a dor que senti, mas não sei se conseguiria transmitir o quão cruel e devastador pode ser. Se eu tivesse que descrever em uma única só palavra, seria: dilacerante.

Era como se a minha saúde mental estivesse se despedaçando, não sobrando um só pó para contar história. Nada. Além disso, a própria saúde física levava-me a questionar a minha sanidade já que pensava estar muito doente, sem acreditar que toda aquela avalanche pudesse ser consequência de um emocional incrivelmente abalado. Tirando os sintomas reais que ansiedade é capaz de nos impor, também criei infinitas vezes os sintomas como se tivesse contraído Covid-19 diversas vezes.

Sério mesmo.

Intermináveis foram os dias que fiquei sentido dor na garganta, cansaço, dificuldade para respirar, dor de cabeça, coriza, tosse seca e até mesmo febril me sentia, mas quando media a temperatura corporal, estava absolutamente normal. Não canso de me espantar com a potência que a nossa mente tem em criar cenários, nos fazendo acreditar nas nossas próprias ilusões. Emocionalmente falando, peguei o vírus umas duzentas vezes num intervalo de um ano.

Por mais que eu me iludisse achando que tinha realmente pego a doença, fui constatar sua força na prática quando a peguei de verdade uma única vez. Fui encalacrada em todos os meus medos e maiores temores, porque ao testar positivo, tomei um coquetel de medicamentos e vitaminas, cujo kit Covid-19, que tinha como principal personagem e protagonista a Hidroxicloroquina, me fez queimar em urticárias, numa explosiva e inacreditável crise alérgica.

Foi a cena mais angustiante que senti ao me olhar no espelho e ver o corpo todo vermelho, dos pés à cabeça, queimando e ardendo como fogo. Nem que eu quisesse, poderia continuar tomando aqueles remédios, o que me fez entrar em profunda angústia ao constatar que era alérgica aos únicos medicamentos usados para combater o vírus no meio de uma pandemia mundial que ninguém tinha muitas respostas ou conseguia dar garantias de absolutamente nada.

Contudo, apesar de toda a bagunça na qual me encontrava, tive sorte de tropeçar no amor. Sim, tropecei mesmo no amor. Faziam apenas dois meses que havia me mudado para a casa do meu namorado, que num pedido bastante discreto, me disse:

— Acho que você deveria trazer as suas coisas e morar aqui comigo.

Eu realmente não pensei duas vezes, pois peguei a maior mala que tinha guardada para viagens e, naquele mesmo final de semana do pedido, trouxe todas as minhas roupas, acessórios e alguns calçados, já dando um jeito de encontrar um espaço disponível no armário dele, que numa questão de segundos, tinha virado o *nosso* armário. Queríamos passar mais tempo na companhia um do outro e dividir o mesmo lar, parecia uma ideia bastante assertiva.

Adoraria poder dizer que cheguei bem e contar essa história de uma forma mais leve, em que estava pronta para encarar o amor da minha vida e cuidar da nossa casa, naquele estereotipado cenário de contos de fadas onde as mulheres sempre lindas, plenas e bem arrumadas cuidam dos seus maridos e dos seus filhos de forma exemplar. Mas não foi isso que aconteceu, nem perto disso.

Cheguei destroçada, juntando os caquinhos e tendo crises diárias de ansiedade e ataques de pânico que se tornaram uma avalanche por conta da pandemia. Sobretudo, em nenhum dia, quis me esconder dele para me sentir menos fraca ou incapaz, bem pelo contrário, sempre deixei escancarado que o que estava acontecendo comigo — era uma fase muito difícil e delicada — que eu enxergava como temporária.

Se ele quisesse permanecer ao meu lado, ok. Se achasse que estava pesado demais e optasse por ir embora, também compreenderia. Estava dando o meu melhor para sair daquele vendaval o mais rápido possível e, continuaria encarando de frente, saindo de todos os buracos que a ansiedade estava me fazendo cair.

Todos.

Sei que ao entrarmos num relacionamento, desejamos que a outra pessoa esteja cem por cento bem, não só nos aspectos emocionais, como também nos pessoais, profissionais e financeiros, só que a vida não é essas mil maravilhas que falam por aí. Às vezes, nos apaixonamos pela essência da pessoa e, mesmo que o pacote seja turbulento, assumimos o risco de permanecer ao seu lado e impulsioná-las a superar qualquer adversidade.

Alguns seres humanos são como anjos na terra, que enxergam nosso valor e força antes de nós mesmos, nos incentivando a atravessar qualquer limitação. O Ricardo foi um desses anjos que apareceu na minha vida e, embora fisicamente não tivesse nada de angelical, porque era incrivelmente *sexy* e gostoso, me fez ter a certeza de que o amor verdadeiro existe.

É real.

Inclusive, atravessar os desafios juntos — de mãos dadas — me fez perceber que sólida era a base que sustentava o nosso relacionamento, pois sei que, em muitos casos, as pessoas fogem, sem olhar para trás, tão logo os problemas aparecem. Mas, às vezes, as dificuldades unem mais do que afastam, enquanto o sucesso pode mais afastar do que unir.

Contudo, parto do pressuposto, que aqueles que não ficam do nosso lado e nos abandonam nos momentos mais delicados, não são merecedores de permanecerem em nossas vidas para aproveitar os momentos de alegria e vitória que virão depois. Porque viver é como estar em uma montanha-russa: uma hora estamos lá embaixo, mas na sequência, voltamos a estar lá em cima. Ou vice-versa.

Sempre vou lembrar com carinho das noites em que estive deitada no sofá, em que ele chegou para me aninhar em seus braços, tranquilizando-me e dizendo que tudo ficaria bem. Que independentemente de qualquer coisa, ele estaria ali para me proteger e amparar, pois não deveria me preocupar. Nunca me senti pressionada a me recuperar logo, até porque, de verdade, não existe um prazo definido para nos reerguermos de um buraco emocional. Olhando por esse lado, sei que sou sortuda por dividir a vida com alguém tão especial, acolhedor e humano, que foi capaz de me enxergar com amor, além da ansiedade.

Ele, sobretudo, foi o responsável em levantar a bandeira vermelha e o sinal de alerta ao mostrar que minha rotina era acelerada demais, de forma que, ficava tantas horas trancadas no home office que quase não o via dentro de casa. Parecia mais estar morando em um *loft*, do que, de fato, levando uma vida de casal. Aos pouquinhos, foi me mostrando que meu funcionamento e ritmo frenético estava, inclusive, deixando-o agitado e que se não escolhesse e reconhecesse a necessidade de pausar, ficaria ainda mais doente.

Ao me fazer enxergar que existia um mundo real muito melhor e prazeroso do que ser viciada em trabalho, ele também foi capaz de gerar o benefício da dúvida dentro de mim, já que a vida era algo muito maior e não deveria se limitar naquelas linhas de chegadas em que tanto me forcei a atravessar. E, me permitir vivenciar o quão maravilhoso e transformador é ter tempo para estar junto das pessoas que amamos, estar presente durante um almoço ou jantar, apreciar a arte de fazer nada para curtir um ócio criativo, se aninhar um final de semana inteiro debaixo das cobertas para olhar televisão e, ser capaz de esquecer o celular por horas a fio, abriu um caminho que me levou em direção a abandonar por completo as verdades que tinha como absolutas.

Além disso, nada poderia ser melhor do que silenciar o ruído externo para escutá-lo tocar e cantar violão. Embora ele pensasse que aquele instrumento musical pudesse dar vazão às suas próprias inquietações no final de um dia estressante, mal sabia ele que também estava me curando a cada melodia. Sua natureza tranquila, despreocupada e risonha, me iluminou. Trouxe toda a luz, vida e energia no momento em que a minha luz própria se apagou.

Ao fechar os olhos, sou capaz de escutá-lo cantando a música que, desde o início do nosso namoro consideramos ser a *nossa música*, mas que fica incrivelmente mais bonita ao sair do som harmonioso e caloroso da sua voz:

Pra você guardei o amor que nunca soube dar
O amor que tive e vi sem me deixar
Sentir sem conseguir provar
Sem entregar
E repartir
Pra você guardei o amor
Que sempre quis mostrar
O amor que vive em mim vem visitar
Sorrir, vem colorir solar

Vem esquentar
E permitir
Quem acolher o que ele têm e traz
Quem entender o que ele diz
No giz do gesto o jeito pronto
Do piscar dos cílios
Que o convite do silêncio
Exibe em cada olhar

Guardei
Sem ter porquê
Nem por razão
Ou coisa outra qualquer
Além de não saber como fazer
Pra ter um jeito meu de me mostrar

Achei
Vendo em você
E explicação
Nenhuma isso requer
Se o coração bater forte e arder
No fogo o gelo vai queimar

Pra Você Guardei O Amor - Nando Reis

VOCÊ NÃO É ...

SEUS MOMENTOS DE TENSÃO
E VULNERABILIDADE.

VOCÊ NÃO É ...

AS PEDRAS QUE TROPEÇOU
E OS BURACOS EM QUE CAIU.

VOCÊ NÃO É ...

QUEM FICOU PELO CAMINHO
QUANDO MAIS PRECISOU.

VOCÊ NÃO É A SUA ANSIEDADE.

"A mais longa viagem que um homem pode fazer
é sair da mente e chegar ao coração"

Danaan Parry

8

UM LUGAR CHAMADO ACOLHIMENTO

Ter resiliência me fez perceber que a evolução não é linear e nunca acontecerá em linha reta e que, sobretudo, o crescimento não vai chegar sintetizado até nós com todos os passos bem delineados. O que de uma forma bem cretina, nos impossibilita de pular alguns degraus, mesmo que tenhamos a intenção de acelerar um pouquinho o processo. Mas, que de forma bastante assertiva, nos direciona a buscar pelas próprias respostas.

Compreendi que seria necessária uma dose extra de paciência para processar tudo o que estava acontecendo e, consequentemente, subir mais alguns degraus. Sentia que tinha chegado a hora de buscar ajuda porque sozinha não chegaria a lugar algum. Ter esse discernimento e não se movimentar era um tanto quanto inútil e cansativo, por isso, sabia que estava na hora de enfrentar os fantasmas, encarando a terapia de frente. Sem fugir ou me dopar de remédios novamente.

Nessas horas, acredito que o universo está sempre nos conectando com as pessoas certas que precisam cumprir alguma missão em nossas vidas. Vocês já ouviram aquela frase que diz: "Quando o aluno está pronto, o professor aparece"? Pois foi exatamente nesse lugar que me coloquei: o de alguém que precisava aprender. Sem vergonha, arrogância ou prepotência. Eu queria me tornar um ser humano menos ansioso para ter mais qualidade de vida e como poderia fazer isso? Buscando ajuda, é claro.

Na verdade, sinto-me uma eterna aprendiz, o que me faz enxergar tudo como uma excelente oportunidade de crescimento e expansão de consciência. Tudo mesmo. Assim é a forma que eu enxergo e encaro os desafios da vida, de forma que, olhei para aquele caminho como a chance de identificar o que realmente estava causando tanto desconforto e me colocando em intermináveis e ansiosas enrascadas. Ao estender minha mão, tive a sorte de cruzar com uma psicóloga pernambucana — e bastante arretada — que mesmo morando quase do outro lado do país e me atendendo online, permitiu novos olhares e conexões. Nunca imaginei que dentro do processo terapêutico pudesse existir tanto acolhimento.

Esse negócio todo que diziam do tal vínculo me parecia um tanto quanto distante, pois já tinha tentado outras vezes antes de conhecê-la, onde cruzei com psicólogos que adotavam aquela postura mais como professores que estavam ali para nos dizer o que fazer através de frases prontas e clichês citando autores, o que me causava até um repúdio antecipatório já imaginando-os com um olhar autoritário cujo abismo intelectual pairava pelo ar, se distanciando completamente de nós, reles mortais.

Simplesmente não conectava o suficiente ao ponto de me entregar por completo, o que diversas vezes me fez abandonar ou desistir do processo em poucos meses e não modificar nada na rotina ou na minha vida. Absolutamente nada. De forma rasa e bastante superficial, interiorizei que esse negócio de terapia não era para mim, poderia até funcionar para os outros. Mas não para mim.

Demorei alguns anos para entender que me faltava conexão com uma profissional e que não deveria mais problematizar a terapia em si. Ainda bem que me dei a chance de tentar mais uma vez, permitindo-me finalmente entrar numa intensa e transformada jornada de autoconhecimento, capaz de tirar todas as minhas caixinhas do lugar. Enquanto eu pensava que ela viria com as respostas concretas para aliviar as minhas angústias, ela trazia cada vez mais perguntas e inquietações, fazendo-me questionar e repensar sobre tudo. Acredite, não teve uma só estrutura que permaneceu no mesmo lugar.

A Lívia, caros leitores, não era igual a todas as outras. Ela tinha algo de diferente, que desconfio ser uma poderosa combinação entre amar sua profissão e ser, sobretudo, humana. Eu, que até então estava fragilizada, confusa e desesperada, passei a acessar dentro de mim mesma uma força capaz de dar a volta por cima. É como se ela tivesse as chaves das muitas gaiolas que estavam trancadas em minha mente e, ao abri-las, fui capaz de acessá-las e reconhecê-las. Saiba, que reviver cada um desses diálogos é eternizá-los, tornando-os para sempre vivos na minha memória e principalmente no meu coração. Além disso, é permitir que você acesse um pouco mais fundo a minha dor, saindo da superfície.

Preciso que fique bem claro: se eu não tivesse cruzado com ela e com a terapia no momento mais angustiante da minha vida, não sei se teria conseguido suportar o peso que a Síndrome do Pânico é capaz de nos fazer carregar.

Notas sobre medo:

Quantas coisas deixamos de ganhar quando ficamos trancados dentro das nossas prisões? Quão assustadores podem ser os nossos monstros e quais limitações eles podem nos impor senão tivermos coragem de enfrentá-los e derrubá-los? Lembro-me do dia em que estava sentada na cadeira do meu quarto, numa tarde chuvosa e gelada de inverno, em que enrolei o cobertor ao redor das costas e o joguei por cima da cabeça. Estava exausta de tanto brigar com os meus próprios pensamentos e se existisse a opção “ejetar do próprio corpo”, teria acionado o botão sem pensar duas vezes para que me lançasse para qualquer lugar, desde que fosse longe de mim mesma.

Tinha acabado de ter um ataque de pânico e estava dilacerada por dentro. Sentia-me elétrica, agitada, confusa e só queria chorar. Quanto mais eu tentava manter algum controle sobre os sintomas físicos que sentia, mais impossível parecia. Não tentava conter as lágrimas porque sabia que segurá-las poderia ser ainda mais sufocante. Diante de tamanho desconforto, encostei o celular sobre uma pilha de livros e dei início a consulta aos prantos de choro.

Enquanto ela me olhava do outro lado da tela, disparei:

— Às vezes, tenho vontade de tomar uma cartela de remédios e apagar durante uma semana inteira.

— Essa atitude vai resolver? Porque quando você acordar, tudo estará exatamente no mesmo lugar te esperando para ser resolvido — ela me respondeu.

— Já que apagar não adianta, então quando os ataques de pânico irão terminar? Não aguento mais.

— Quando, de alguma forma, você entender que esses monstros estão somente dentro da sua imaginação — complementava ela.

— Como faço para que esses pensamentos desapareçam o mais rápido possível? — perguntei.

— Não sumirão. Quando um pensamento negativo ou muito ruim aparecer, nomeie. Reconheça que é apenas um pensamento e que não são reais, ok?

Embora até entendesse o que ela estava dizendo, não conseguia colocar em prática. Foi quando questionei:

— Então, isso quer dizer que preciso reconhecer os meus maiores fantasmas e transformá-los em algo menor?

— Isso quer dizer que reconheceremos que eles não são tão assustadores quanto parecem. Eles só são grandes aí dentro da sua própria imaginação.

— Sabe, quando você diz que eles não são reais, parece que eles não são de verdade — complementei.

— A sua dor é real e verdadeira, mas os fantasmas que te assombram não, pois são vivos apenas dentro da sua imaginação. Aliás, você sabe dizer quais são eles? — ela me perguntou.

— Acredito que sim, mas não sei se consigo dizê-los em voz alta — respondi com olhos marejados e a voz embargada.

— Então me diga. O que te assombra?

— Tenho medo de morrer e de perder o controle das coisas, pois quero que tudo saia exatamente do jeito que planejei. Cada vez que meu coração acelera tenho vontade de sair correndo para o hospital porque tenho certeza de que ele vai parar a qualquer momento — falei, sentindo o corpo todo tremer.

— Você já foi ao cardiologista, fez todos os exames e consultas e não tem nada de errado. A sua ansiedade é que faz ele acelerar e descompassar desse jeito. Consegue perceber a força que os pensamentos exercem sobre o corpo?

— Sinto todos os dias. Só não consigo interromper o ciclo interminável de crises — complementei, sentindo-me exausta.

— Ainda não consegue, pois tenho certeza de que em breve você terá o controle das próprias emoções — respondeu ela me tranquilizando.

— Sabe, além disso, tenho a sensação de viver em constante estado de alerta antecipando perigos e criando cenários catastróficos — conclui sentindo as palavras atravessarem a minha garganta.

— Veja bem, nenhum de nós tem controle sobre a vida ou sobre a morte. Não há absolutamente nada que possamos fazer para controlar qualquer coisa que seja. Encarar os fatos dessa forma, possibilita que você lide com o que é real e não sofra tanto com o que talvez nunca venha acontecer — complementou.

— Tens razão. Às vezes, tenho a impressão de que a minha

mente é um trem desgovernado e que vai sair dos trilhos a qualquer momento — respondi.

— Não se preocupe. Você é o motorista desse trem e o que precisa fazer agora é reduzir a velocidade para que tudo se ajeite. Consigo ver o quão cansada está de tanto brigar consigo mesma — ela me respondeu.

— Estou mesmo e, embora esteja dentro do caos, acho que finalmente estou começando a entender que manter tudo sob controle não passa de uma tremenda ilusão. Que ficar antecipando preocupações só me deixa profundamente esgotada.

— Fico feliz que esteja conseguindo redimensionar o olhar sobre a sua dor, mesmo que seja tão dolorido encará-la de frente — ela complementou.

— De alguma forma, sinto como se um tambor batesse dentro de mim, chacoalhando e estremecendo tudo — finalizei.

— Saiba, que quando você fica em pânico, sentindo o tambor tocando e estremecendo seu corpo, é a sua criança interior que está assustada. E é para ela que olharemos com carinho a partir de agora — respondeu.

— Isso quer dizer que devo parar para escutá-la? — perguntei.

— Exatamente. Mas, sobretudo, deve tranquilizá-la e ampará-la. Ela está com medo e mostraremos que não precisa se apavorar porque está segura — finalizou.

— Sabe, essa conversa foi muito acolhedora — respondi, sentindo uma fagulha de alegria nascer ao perceber que a minha angústia estava, de certa forma, indo embora porque não era necessário manter mais nada escondido, pois tudo estava emergindo e indo de encontro a luz.

— *Hmmm*... acolhedora? É justamente para isso que estou aqui: acolher a dor. A sua dor — concluiu ela, sorrindo.

Notas sobre coragem:

Sempre fui o tipo de pessoa que disse sim para todo mundo para não correr o risco de desapontar alguém. Estava sempre sendo demandada para resolver problemas e tornar a vida dos outros um pouquinho mais fácil, como se eu fosse algum tipo de facilitadora que estivesse no meio do caminho para eliminar os bloqueios e transformar os espaços trancados em lugares transponíveis. Embora me sentisse sobrecarregada, não conseguia negociar e sim era a única coisa que saía da minha boca.

Sim para relatórios de estágio.

Sim para correção de trabalhos da faculdade.

Sim para um ajuste de *layout* para redes sociais.

Sim para criar um textinho para um *site*.

Sim para organizar eventos *online* ou presenciais.

Sim... sim... sim.

Para tudo.

Na ânsia de ser aceita, achava que essa era a moeda de troca correta para preservar relacionamentos ou manter amizades, pois parecia que a urgência dos outros eram sempre maiores que as minhas. Inclusive, já deixei muitos sonhos pelo caminho porque me diziam que era bobagem porque eu não tinha os pés no chão e, por tamanha falta de coragem, me coloquei sempre em último lugar. Divago em pensamentos até ser interrompida com uma pergunta certeira:

— Suponha que você estivesse sentada na minha frente e eu te oferecesse uma xícara de café. Quantas colheres de açúcar colocaria? — ela me perguntou.

— Nenhuma. Não coloco açúcar nem adoçante no café — respondi, com curiosidade.

— Bem, então isso quer dizer que um café com dez colheres de açúcar seria intragável para você, certo? — continuava ela.

— Sim, óbvio. Não suporto a ideia de tomar um café tão doce — finalizei.

— Ok, então gostaria que pensasse no café insuportavelmente adocicado como as situações em que mais te incomodam. Quais seriam? — ela perguntou.

— Continuar vivendo no piloto automático, como se a cada dia vivido fosse, na verdade, um dia perdido. E, dizer sim para todo mundo — respondi.

— Pois saiba que viver no piloto automático é um mecanismo de fuga. Resignar e dizer sim para todo mundo também é. Devemos ser amados pelo que somos, não pelo que realizamos ou proporcionamos às outras pessoas — complementava ela.

Nisso, encorajei-me a fazer a pergunta de um milhão de dólares.

— Ao dizer sim para todo mundo, do que eu estou fugindo?

— Está fugindo de si mesma. Das suas vontades, dos seus desejos, dos seus sonhos e de todas as consequências que implicam o simples fato de assumir as rédeas da própria vida e ser quem você é de verdade — acrescentou.

— Na teoria eu sei, mas na prática dou muita importância à opinião das pessoas — respondi.

— Pessoas essas, que vão te julgar de qualquer maneira, independente de qual escolha você faça — concluiu de forma bem direta.

— Sim, mas eu não quero perder ninguém — complementei.

— Compreendo. Só que a partir do momento que você escolhe não perder os outros, está perdendo a si mesma a cada dia — ela me respondeu.

— Tens razão. Sinto que para atender as expectativas alheias, me distanciei de mim mesma — respondi.

— Grande parcela dessa ansiedade toda é consequência de fugir da sua essência, reprimindo a sua voz interior. Quantas vezes você já disse sim querendo dizer não? — Ela me perguntou.

— Infinitas vezes. Não sei nem dizer quantas.

— Então, a pergunta que você deve se fazer a partir de agora é se continuará agindo da mesma maneira ou se correrá o risco de dizer aquilo que sente de verdade e arcar com as consequências — complementou.

— Sabe, isso me parece correto, mas um tanto quanto desafiador — disse.

— Se ao expor suas opiniões as pessoas forem embora da sua vida, mas você estiver em paz consigo mesmo, enxergue isso como uma vitória, não como uma derrota. Você não perdeu nada, bem pelo contrário, ganhou muito — finalizou.

Olhando por esse lado, aceitar a vontade dos outros como verdade absoluta sem questionar ou me impor, parecia uma opção mais cômoda e menos arriscada. É como se eu tivesse recebido um *script*, um roteiro. Enquanto estivesse seguindo aquilo que disseram que eu deveria fazer, ok. Tudo estaria garantido.

Só que para ser eu mesma, tropeçava nos anseios de que as pessoas pudessem me abandonar. Que seria julgada, invalidada e não levada a sério. Nesse buraco, que quanto mais cavucava mais profundo ficava, também tinha os fantasmas da insegurança e do perfeccionismo. É como se a vida estivesse cobrando a conta, cujo pagamento eu fizesse num cartão de crédito chamado ansiedade.

No fundo, ela tinha razão. Independentemente de qualquer escolha, as pessoas julgariam. Dar a elas esse poder de decisão, era permitir que eu não fosse autora da minha própria história e estivesse sempre nos bastidores vivendo aquilo que esperavam que eu fosse. Admito que carregar as expectativas alheias durante todos esses anos, estava pesado demais para as minhas costas.

Notas sobre escolhas:

Sentia-me como se estivesse construindo uma casa, colocando tijolinho depois de tijolinho, escolhendo o tamanho das janelas, as cores das tintas, o formato do telhado, o número de portas, a qualidade dos móveis, o tamanho dos cômodos e se teria ou não um quarto para receber e hospedar as visitas. Diferente das outras vezes, é como se estivesse cada vez mais decidida a fazer qualquer escolha a partir do que me fizesse sentido, sem ser levada ou direcionada a seguir as escolhas dos outros como sempre aconteceu em todos esses anos. Tudo me parecia tão novo que passei a gostar de descobrir o que estava se tornando velho para abrir espaços arejados dentro de mim.

Fazer essa construção era garantir que a fundação estivesse bem aterrada, cujos pilares sustentassem toda a estrutura para que não desmoronasse na primeira chuva ou vendaval. Construir era, sobretudo, a certeza de materializar as minhas próprias decisões e principalmente o resultado da pessoa que estava me tornando porque não permitiria mais alguém ditando as regras e dizendo o que eu deveria fazer para ser feliz.

Porque essa nova casa era eu.

O meu próprio corpo.

A minha mente e a qualidade de cada uma das minhas decisões.

Antes que eu pudesse continuar divagando, disparei sentindo as palavras atravessarem a minha garganta:

— Acho que estou pronta para começar a travessia — falei.

— Que travessia — perguntou ela um tanto quanto curiosa, porém, bastante animada.

— Da vida que eu tinha para a vida que eu quero ter a partir deste exato momento — respondi.

— É mesmo? E a que conclusão você chegou? — perguntou ela.

— Que eu realmente não preciso conquistar tudo com os meus vinte e poucos anos. Que viver nessa loucura a qual me submeti é adoecedor. Eu preciso valorizar a importância das pausas porque necessito parar tudo para cuidar da minha saúde mental e física — respondi.

— Essa decisão me parece bastante corajosa. Pausar te parece um fracasso? — ela me perguntou.

— De certa forma, sim. Venho de uma família que sempre trabalhou muito para conquistar as coisas e me permitir um respiro parece tão audacioso da minha parte, como se eu estivesse indo na contramão do que fui ensinada a ser — complementei.

— Você está muito assustada? — ela me perguntou.

— Muito. Só de pensar sinto um misto de pavor e, ao mesmo tempo, alívio. Mas, sinto que chegou a hora de colocar o pé no freio, repensar os caminhos que fiz em alta velocidade, estando ciente que se não desacelerar, certamente entrarei em colapso — respondi, sentindo a voz embargar.

— Porque você finalmente percebeu que todo excesso esconde uma falta, certo? Está disposta a abrir mão da estabilidade, da segurança e da zona conforto que lhe parece tão segura? — perguntou ela, levando-me a cavar cada vez mais fundo.

— Sim. Estou pagando um preço muito alto. Demorei para entender o que a ansiedade estava tentando me dizer. Tenho a sensação de ter passado os últimos anos correndo, apenas produzindo, atingindo metas e atravessando linhas de chegada — respondi, sentindo a ficha da realidade cair.

— Ter consciência disso é um grande passo. A questão que está na mesa agora é saber se você está disposta a pagar o preço de ser quem você é, assumir as responsabilidades dos seus atos e construir um novo roteiro para a sua vida — complementou.

— Vontade eu tenho. Como faço para recuperar o tempo perdido? — questionei.

— Infelizmente, não dá para mudar o passado. Não dá para voltar atrás e fazer diferente, mas dá para recomeçar e construir aquilo que acredita ser o melhor pra você — ela complementou.

— Que implica fazer mudanças dolorosas no presente — disparei.

— Sim. Essa dor que você está sentindo é a dor do crescimento. Crescer, dói. Mas, saiba que você está no tempo certo, nem adiantada e nem atrasada. Assim como uma lagarta que não vira borboleta antes da hora — complementou.

— Pois saiba que eu decidi caminhar em direção a mim mesma. Que irei mesmo com frio na barriga e com os olhos encharcados de lágrimas. E, independentemente de qualquer medo, eu vou — respondi, sentindo a voz embargar.

— Fico orgulhosa de ver você se permitindo, questionando e refletindo. Eu estarei sempre aqui te ouvindo, orientando e te conduzindo de volta ao caminho que faz o seu coração vibrar, caso venha a se perder novamente — finalizou ela, com o sorriso acolhedor que esteve sempre presente em todas as nossas conversas.

— Serei eternamente grata por tudo — respondi com os olhos brilhando e sentindo uma profunda gratidão.

— A minha mão estará sempre estendida para te segurar e amparar. Não tenho como garantir que vai dar tudo certo, mas posso afirmar que se alguma coisa der errado, você não estará sozinha. Nunca mais se sentirá desamparada — disse ela por fim.

— Não sabe o quão importante é saber que eu tenho essa mão — respondi, com os olhos cheios de lágrimas.

VOCÊ NÃO É ...

SUAS FALHAS,
INSEGURANÇAS
E RECEIOS.

VOCÊ NÃO É ...

A PRESSA,
E A URGÊNCIA
DE TER TODAS AS RESPOSTAS.

VOCÊ NÃO É ...

O TEMPO QUE JÁ PASSOU
E QUE NÃO PODE SER RECUPERADO.

VOCÊ NÃO É A SUA ANSIEDADE.

*"A necessidade de mudar abriu uma estrada
no centro de minha mente".*

Maya Angelou

9

O ANO EM QUE EU DISSE SIM PARA MIM E NÃO PARA O MUNDO

Se vocês chegaram até esse capítulo, já podem imaginar que os ventos da mudança estavam rondando. Gostaria de poder dizer que foi só uma brisa, como aquelas que entram através da janela quando estamos aninhados no sofá ou quando nos encontramos deitados despretensiosamente numa rede — de forma suave e tranquila — sacudindo o cabelo para lá e pra cá e, que depois de ir embora, deixa tudo no seu devido lugar.

Brisas não destroem nada.

Brisas apenas vem e vão.

Já os ventos que trazem as mudanças são como tornados, que numa espiral de velocidade e intensidade, têm força o suficiente para arrancar tudo que está enraizado no chão e lançar os destroços pelos ares. Esses são os ventos que promovem a mudança.

O que se aproxima de forma tranquila e silenciosa, não nos movimenta. O vento precisa ser forte o bastante para nos arrancar da zona de conforto e jogar em direção a uma desconhecida, assustadora e nova realidade. Pelo menos foi assim que aconteceu comigo.

A primeira ventania teve dia e horário marcado: 03 de maio de 2021, às 16h.

Que após acordar exausta e profundamente ansiosa, tomei um café da manhã com ovos mexidos que aparentemente deveriam ser *fitness* e saudáveis, mas que desceram como uma bomba atômica que primeiro entalou na garganta e, que ao descer até o estômago, pesou como um tijolo maciço.

A indigestão tinha nome e sobrenome: 187 e-mails não lidos, 234 mensagens esperando resposta no *WhatsApp* e 7 reuniões agendadas com pouco intervalo entre elas, num dia que não teria tempo nem para almoçar ou respirar, assim como todos os outros dias em que tentava me manter organizada, cujas tentativas eram todas em vão. Não importava quantas pautas eram feitas, planilhas ajustadas, fornecedores atendidos ou horas trabalhadas. Não importava se eram três turnos, finais de semana e se eu estivesse *full time online* à disposição: estava sempre devendo alguma coisa para alguém. Ou muitas delas.

Nunca, em hipótese alguma, conseguia zerar a minha caixa de entrada e as mensagens no telefone.

Nunca.

Nunca.

Nunca.

Aquilo despertava o pior da minha ansiedade, como se diariamente um fósforo fosse atirado em cima de uma poça de gasolina, que neste caso, explodia dentro do meu próprio estômago. Ferveu e queimou tanto que uma gastrite nervosa se desenvolveu, onde deixei de achar atrativa e interessante aquela rotina de trabalho que alimentava um comportamento corrosivo capaz de gerar tamanho mal-estar físico e emocional.

Até que, depois de chorar até soluçar, vomitar todo o café da manhã no vaso sanitário e deitar-me em posição fetal no tapete da sala durante uma hora e meia com as almofadas sobre a cabeça, coloquei meu diretor dentro de uma reunião virtual e pedi demissão aos prantos de choro. Acredito, que o maior benefício de ter vivenciado isso no meio da interminável pandemia do Coronavírus, foi ter tido a oportunidade de fazer esse encontro através da tela de um computador sem ser necessário encará-lo de frente. Olhando pessoalmente, dentro dos seus olhos, eu pudesse recuar ou mudar de ideia.

Não sei.

Ele era a pessoa mais persuasiva que eu conhecia. Dentro da sua genialidade criativa e discursiva, era capaz de nos convencer a comprar qualquer coisa, seja um produto ou até mesmo uma ideia. É sério. Isso não sou eu que estou dizendo, é o mercado da propaganda mesmo — que de forma implacável — já tinha atribuído a ele diferentes e merecidas premiações.

Inclusive, eu sou a prova viva, pois já tinha comprado muitas de suas ideias, sendo que a principal delas foi após assistir a uma de suas palestras sobre marketing esportivo, num auditório lotado de pessoas, onde após escutá-lo falar com tanta paixão e brilho nos olhos sobre o poder do esporte como ferramenta de transformação, escolhi o caminho da comunicação e, principalmente, o da publicidade como área de atuação.

Uma hora e meia de palestra foi o suficiente para alterar o rumo da minha vida profissional, enquanto ainda era uma adolescente buscando por respostas. Nunca poderia imaginar que quase uma década depois, lá estaria eu, sentada do outro lado da tela encarando-o para tomar novas decisões. Sabia que aquele encontro seria capaz de me fazer estremecer dos pés e cabeça e me preocupava pensar que ele pudesse me fazer mudar de ideia, mesmo que fosse tentando ajudar.

Admito que nas semanas que antecederam, até tentei mentalmente organizar um roteiro alinhado com a minha angústia e insatisfação, entretanto, não consigo viver nada que seja encenado ou robotizado. Assim como tudo que faço, entreguei-me ao que as minhas emoções estavam dizendo naquele momento, sem que pudesse silenciá-las. Se eu tivesse criado uma lista para marcar os dias mais difíceis e decisivos, aquele certamente estaria no topo. E, entre soluços, crise de choro, coração acelerado e uma dor agonizante que latejava do topo e descia até as laterais da cabeça, gritei:

— ACABOU, EU NÃO AGUENTO MAIS!

Naquele momento, abri mão das expectativas, da estabilidade de trabalhar de carteira assinada, da segurança que aquele trabalho me proporcionava e dos sonhos que tinha de construir uma carreira sólida dentro do setor de comunicação daquela companhia que era uma das maiores do país. O sonho da executiva *fodástica* que alimentei e busquei por tanto tempo, se esfarelou.

Podia sentir o tamanho da sua preocupação quase se materializando do outro lado da tela e, ao remover a capa profissional, tinha um ser humano tentando de todas as formas estender a mão e me ajudar. Só que quanto mais oportunidades, possibilidades e caminhos ele me mostrava para não tomar nenhuma decisão precipitada, mais sentia o não rasgar pela minha garganta. Declinei tudo, assim como peças de dominó que caem depois que a primeira é derrubada.

nãonãonãonãonãonãonãonãonãonãonãonãonãonãonão

Disse não para todas as ofertas porque escolhi dizer sim para a voz que vinha do coração. Voz essa, que em todos esses anos, gritou de forma persistente e intuitiva, mas que nunca parei para realmente escutá-la. Quando não temos certeza daquilo que queremos, as pessoas podem até nos vender o mundo que elas acreditam ser o melhor para nós, mas só entraremos nele, se estivermos dispostos.

O que não era o caso.

Dessa vez, segui com o pulso firme.

Não iria recuar, mesmo estraçalhada por dentro.

Acredite, daqueles destroços, só tinha sobrado a minha convicção e me agarrei nela com unhas e dentes. Estava ciente que continuar pagando o preço com a minha saúde mental estava caro demais. Que eu não podia me entregar a uma promoção ou qualquer outra oportunidade porque não estaria inteira para assumir o desafio e a responsabilidade que precisaria. Não podia, sobretudo, me ausentar por um período para descansar porque não sabia dizer quanto tempo eu precisaria para me reerguer do buraco em que cai emocionalmente.

Acima de tudo, a empresa não merecia uma pessoa que estivesse pela metade e respirando com a ajuda de aparelhos para entregar até mesmo projetos pequenos, quem dirá os grandiosos. A marca que tanto me orgulho e me dediquei incansavelmente, não merecia. Eu, inclusive, não podia mais colocar em cima dos meus próprios ombros o peso de continuar dando conta de tudo e, pela primeira vez, reconheci que meu corpo e mente não aguentariam se eu escolhesse aceitar e acelerar.

Não tinha mais forças, de verdade.

O combustível tinha terminado.

Estava só o pó.

Mais uma curva, *pifaria*.

Há meses já estava desligando a *webcam* do notebook para ter ataques de pânico no meio das reuniões. Entendia que o meu trabalho estava sendo valorizado e reconhecido porque os meus colegas continuavam acreditando em mim, mesmo que eu soubesse não ter de onde tirar forças para continuar. O que me espantava, de certa forma, era a minha própria habilidade camaleoa de adaptar-me ao desconforto e não permitir que percebessem a dimensão do que realmente estava acontecendo comigo.

Acostumei-me a estar com taquicardia e permanecer sentada na cadeira do escritório que montei dentro de um home office improvisado. Os calafrios, tremores e sensação de sufocamento também jogavam junto no time do descontrole diário que considerei ser normal. O ato de desligar a câmera para ter crises de ansiedade e ataques de pânico, mas continuar *online*, era uma fuga porque continuava negligenciando as minhas necessidades ao dizer para o mundo:

— Sigam mandando mais projetos, *vambora*!

A pergunta mais difícil que fiz olhando-me no espelho e encarando um rosto exausto, com olheiras profundas e já encontrando uma pele amarelada como resultado de tanto estresse, foi: "Para quem você está tentando provar que aguenta mais"? Porque, de verdade, eu já estava sendo forte há bastante tempo. Não tinha mais nada que pudesse provar para os outros que já não tivesse provado para mim mesma incansavelmente, uma centena de vezes. Se a vida fosse uma partida de xadrez, a ansiedade tinha dado xeque-mate.

Ponto final.

Deveria reconhecer e admitir que não dá para ganhar o tempo todo. Que, às vezes, a coisa mais inteligente que podemos fazer é recolher o time de campo e se organizar para a próxima partida. A questão conflitante é que não nos ensinaram a importância das pausas e, culturalmente falando, quem atira a camiseta é perdedor, fraco, é dar-se por derrotado antes do tempo. Sabia que a primeira desconstrução teria que vir de dentro para depois conseguir gritar para o mundo com força o suficiente para que escutassem e entendessem que saúde mental é coisa séria. É coisa de gente muito forte.

Que as batalhas travadas no emocional não são brincadeira.

Elas precisam urgentemente serem levadas a sério.

Entretanto, se nem eu estava dando a importância que merecia, como poderia exigir dos outros um comportamento diferente? Como poderia pedir para respeitarem a saúde mental alheia se eu, sentada na minha cadeira, estava desligando a câmera há meses, tendo ataques de pânico diários enquanto continuava participando de todas as reuniões?

Por favor, me diga.

Hein?

Me diga.

Como continuar esperando o momento ideal chegar para fazer tudo diferente do que estava fazendo até então? Porque o tal dia mágico que acordaremos corajosos não vai chegar. Não existirá uma segunda-feira especial que levantaremos a cabeça do travesseiro e sentiremos ao respirar ar puro que tudo mudou. Esse dia simplesmente não existe.

Não existe.

Sou capaz de dizer isso para mim mesma e para você que está lendo esse livro agora mesmo: "Espere menos e faça mais". Tem momentos que o melhor que podemos fazer, é ir. Não pensar tanto nas consequências que podem nos fazer paralisar, pegando aqueles segundos de coragem como impulso sem olhar para trás e somente seguir.

Juro, depois que eu senti o poder do não saindo pela minha boca, prometi que nunca mais diria sim para permanecer na zona de conforto. Se, a partir de agora, tivesse que ir chorando, gritando e berrando, eu iria. É melhor dizer uma verdade de forma torta e imperfeita do que silenciar uma mentira angustiante.

O primeiro não foi um pontapé que abriu a porta dos vários *nãos* que vieram depois e surgiram como efeito cascata. Dizer não para o mundo e sim para nós mesmos pode ser muito desafiador, mas, sobretudo, é libertador e um tanto quanto revolucionário.

Não sei qual batalha você está enfrentando, neste exato momento, ou lutando para ter a sua voz ouvida de alguma forma. Então, te convido a fechar os olhos e repetir comigo em voz alta:

nãonãonãonãonãonãonãonãonãonãonãonãonãonãonão

Porque eu não posso.

Porque eu não tenho condições de me comprometer.

Porque eu não acho que seja o ideal.
Porque eu não estou de acordo.
Porque eu não acho que seja o melhor para mim.
Porque eu não quero.
Porque não.

Se em algum momento as suas decisões não fizeram sentido
para outras pessoas, respira fundo. Está tudo bem.
Lembre-se que as escolhas são suas
e não precisam fazer sentido pra mais ninguém.

VOCÊ NÃO É ...

SUAS VONTADES
E FALAS SILENCIADAS.

VOCÊ NÃO É ...

TODAS AS VEZES QUE DISSE SIM
QUERENDO DIZER NÃO.

VOCÊ NÃO É ...

AS ESCOLHAS DO PASSADO.
QUE FEZ NO PILOTO AUTOMÁTICO.

VOCÊ NÃO É A SUA ANSIEDADE.

"A criança que fui, chora na estrada. Deixei-a ali quando vim ser quem sou. Mas hoje, vendo que o que sou é nada, quero ir buscar quem fui onde ficou".

Fernando Pessoa

10

DE FRENTE COM A MINHA CRIANÇA

Para dar vida ao adulto que disseram que eu deveria ser, deixei pelo caminho tantas coisas valiosas, inclusive a criança que fui um dia. Aparentemente falando, este modo ativado de fuga até foi importante durante um tempo, mas não se sustentou para sempre. Senti que o tiro saiu pela culatra porque a infância é um chão que pisaremos a nossa vida inteira.

Não dá para olhar para o futuro sem considerar o passado e se não tivesse sido incentivada a fazer a travessia "de volta pra casa", talvez nunca a fizesse. Mas, o desejo de juntar os caquinhos que ficaram para trás e reconstruir o quebra-cabeça da minha própria história, era o que me encorajava.

Há pouquíssimos meses, dei-me por conta que não tinha nenhuma foto de quando era criança na minha nova casa. Nenhuma mesmo.

Simplesmente nada.

Se você entrasse no meu apartamento, poderia dizer que é a casa de um desconhecido, menos a minha. Enquanto vivia no piloto automático de esquiva, fiz de conta que nada estava acontecendo. Comprei quadros pintados à mão, vasos de flores, acessórios de decoração, almofadas e tudo que pudesse preencher o ambiente ocupando o espaço vazio de alguma forma. Ao compreender que estava querendo apagar uma fase vivida, caiu a ficha de que só conseguiria me reconectar com a minha própria essência ao dar luz a minha infância.

Até que certo dia, fui à casa dos meus pais procurar e separar uma caixa com álbuns e fotografias que estavam guardadas.

Só que quanto mais eu pensava em resgatar aquela criança de dentro da caixa, mais sentia um tremor percorrendo todo meu corpo, como se um tambor fosse batido no meu interior.

Sabe por quê?

Porque a minha versão criança era sensível, chorona, insegura, gordinha, tinha o rosto redondo e os dentes tão separados que morria de vergonha de sorrir ou tirar fotos. Além disso, faziam *bullying* com ela na escola porque tinha um estranho cacoete de fazer movimentos com o nariz como se fosse um coelhinho.

Cacoete que não tenho mais, mas que já me assombrou por anos.

Anos que, enquanto criança, me escondia para poder reproduzi-lo porque já apresentava traços de ansiedade, nervosismo e agitação. Ela não conseguia expressar as suas emoções de uma forma saudável e, por conta disso, elas se manifestavam através de movimentos repetitivos no nariz que causavam um tremendo constrangimento. Riam muito da cara dela por conta disso. Inclusive, a chamavam de coelha gorda, chorona e feiosa.

Coelha.

Gorda.

Chorona.

Feiosa.

Se eu fechar os olhos agora, neste exato momento, sou capaz de ouvir as risadas pavorosas daquelas outras crianças enfadonhas que mais pareciam uns monstrinhos apontando os dedos magricelos e gargalhando na minha cara.

Coelha.

Gorda.

Chorona.

Feiosa.

Num ciclo repetitivo, em que cada uma daquelas palavras ecoava nos meus ouvidos reforçando que deixá-la dentro da caixa era uma alternativa bem mais reconfortante e segura, me senti envergonhada por ter rejeitado, culpado e, de certa forma, sentido raiva daquela menina indefesa. Mas, reconhecer cada um daqueles sentimentos que estavam vindo à superfície era garantir que eu não estava mais disposta a fugir de nenhum deles.

Deixei-os vir à tona sem julgamento, apenas permitindo que emergissem. Sabe aquela gordura que se desprende de um prato sujo depois que atiramos água quente e esperamos um pouco para passar a esponja e esfregar? Era justamente isso que estava fazendo. Dando um tempo para que tudo se desprendesse para que pudesse ser limpo e, de certa forma, ressignificado.

Por isso, já que a ferida estava aberta, quis ir mais fundo e cavar um pouco mais. Desbravar as lembranças, falar com pessoas que foram próximas ou que tivessem compartilhado vivências comigo, parecia-me um tanto quanto reconfortante, já que vista pelos olhos dos outros talvez pudesse ser realmente diferente. Talvez as minhas lembranças fossem apenas um lado da moeda e, sem investigar, não teria tido a oportunidade de enxergar sobre outra perspectiva.

Vista pelos olhos que não fossem os meus, poderia soar menos punitiva, sabe? Era o que eu pensava até perguntar para uma amiga de infância e surpreender-me com cada palavra que ela falava sem nem perceber a dimensão e o impacto que estava causando. Na lembrança dela, as coisas soavam um pouco mais conflitantes, já que uma criança assustada, evitativa e medrosa se apresentava, um tanto quanto apavorada e com medo de tudo.

Uma criança bastante estudiosa, mas medrosa e evitativa.

Evitativa...

Que apesar de não ser o que eu gostaria de ter escutado, me parecia um tanto quanto familiar já que na vida adulta desenvolvi a Síndrome do Pânico, vivendo em constante estado de alerta, medo e agitação. Muitos pavores e angústias, que olhando de forma bem racional, parecem ter me acompanhado durante toda a vida. Só que sendo bem honesta, não poderia ser diferente, uma vez que fui criada em um ambiente extremamente protetor que não me deixava explorar o mundo lá fora para ganhar autonomia. Por experiência própria, constatei que uma criança superprotegida poderia se tornar um adulto medroso e inseguro.

Sei que meus pais fizeram o melhor que eles podiam com as ferramentas que tinham e sou eternamente grata por todo amor, cuidado, carinho e proteção que recebi, por isso cabia a mim mesma o desafio de me tornar o adulto saudável que eu tanto desejava ser, sem culpar ninguém. Não queria me colocar no lugar de vítima e nem deixar o peso da culpa nas costas de alguém. Todo mundo está fazendo o seu melhor e tentando acertar.

O desafio era entender quais medos me foram ensinados como sendo mais perigosos que reais, onde comecei a me questionar o que tinha sido passado de geração a geração, sendo medos dos meus bisavôs, avôs, dos meus pais e que, de certa forma, continuavam sendo reproduzidos em mim. O intuito era finalmente aprender com tudo que estava acontecendo para crescer, evoluir, superar e me direcionar para o caminho que cicatrizasse cada uma das feridas que ainda estavam abertas, até porque se eu não as estancasse, continuariam a sangrar.

Foi tentando interromper o ciclo da autossabotagem que abri a tampa da caixa para ver, pela primeira vez, a minha criança de pertinho, olhar dentro dos seus olhos e libertá-la. Puxei de dentro do álbum, uma foto em que devia ter por volta dos sete anos de idade, usando um uniforme cinza, chinelo cor de rosa, uma mochila vermelha nas costas. Estava usando um penteado num rabo de cavalo bastante volumoso e, prestando atenção com carinho, percebi um olhar gracioso e um sorriso alegre naquela criança que tinha uma energia incomparável para ir à escola, sempre disposta a estudar. Ela parecia mais fofa do que me lembrava, então peguei aquela foto e a separei das demais.

Enquanto continuava procurando, deparei-me com outra em que estávamos em família num parque de diversões. Meu pai, segurando a mão da minha irmã mais velha e a minha mãe segurando a minha mão. Todos olhavam em direção a câmera enquanto eu nitidamente olhava para o sorvete do menino que estava ao meu lado. Um olhar compenetrado de quem poderia derrubar aquela casquinha ou sair correndo para comer escondido porque era uma criança bastante esfomeada que adorava pegar os doces para comer escondido embaixo da própria cama para que ninguém a visse sendo gulosa. Quantas lembranças gostosas!

Dei risada só de lembrar daquelas cenas e da minha habilidade de sobrevivência em colocar comida dentro dos bolsos das calças ou segurar bem apertadinho dentro da mão para que ninguém percebesse. Ou, pelo menos, me confortava pensar que ninguém sabia do meu esconderijo secreto. Rindo, separei essa foto das demais.

Por último, encontrei uma em que estava segurando a minha irmã mais nova no colo. Nós temos nove anos de diferença de idade, mas enquanto eu ainda era uma criança, também aprendi a cuidar dela com todo o amor do mundo. Na foto, eu a segurava com tanta força como se fosse a minha boneca favorita, de pele e olhos claros, cujo cabelo loiro escuro mais parecia uma seda de tão macio.

Ela era certamente um bebê muito mais bonito do que qualquer boneca que existisse no mundo, é sério. Depois que ela nasceu, tive a sensação de ter crescido e me tornado responsável mais cedo que as outras crianças da minha idade e, lembrei-me também que, a partir daquela experiência, desenvolvi o instinto materno e tão protetor com as outras pessoas. Ainda hoje, *tô* sempre me preocupando e, de certa forma, cuidando das pessoas que convivem comigo, sejam elas colegas, amigos ou parentes.

De repente, senti um profundo sentimento de gratidão por

estar completando aquela travessia e saindo muito mais forte dela. Podia sentir a tempestade indo embora, abrindo espaço para um céu ensolarado e deixando como aprendizado lições tão valiosas para a vida. Não havia nada que eu pudesse fazer para modificar o passado, mas havia coisas a serem reparadas para que as feridas da infância fossem finalmente cicatrizadas.

Realmente tinha chegado o momento de pegar a minha criança no colo, ampará-la e agradecê-la por ter sido tão forte, mesmo que eu tivesse demorado um bocado de anos para perceber isso. Que sua essência frágil, chorona e tão sensível seriam suas maiores fortalezas na vida adulta.

Disse a ela, que ao crescer, não era necessário deixar para trás quem já tinha sido um dia e que não precisaria mais se transformar em alguém completamente diferente. Fechei os meus olhos e a peguei no colo mentalmente. Ela era tão bonitinha que me visualizei passando a mão em seus cabelos compridos e ondulados, fazendo carinho em suas bochechas gordinhas enquanto olhava dentro dos seus olhinhos arredondados. Com muito amor, coloquei-a no meu colo e a envolvi num abraço apertado. Não tinha mais espaço para o medo, pois ela estava segura.

A partir de agora, eu estaria sempre aqui para protegê-la e cuidaria para nunca mais perdê-la novamente pelo caminho. Nunca mais.

VOCÊ NÃO É ...

A SUA INFÂNCIA
E AS LEMBRANÇAS DOLOROSAS
DE UM TEMPO QUE JÁ PASSOU.

VOCÊ NÃO É ...

OS DEDOS APONTADOS
E AS RISADAS RECEBIDAS.

VOCÊ NÃO É ...

AQUILO QUE TENTARAM TE TRANSFORMAR
ENQUANTO VOCÊ SÓ QUERIA CRESCER.

VOCÊ NÃO É A SUA ANSIEDADE.

"O processo mais amoroso de recuperação é aquele que diz respeito a nós mesmos. Tudo o que é possível fazer é amorosidade pura quando estamos disponíveis para renascer".

Ana Claudia Quintana Arantes

11

NÃO DEMORE A PERCEBER QUE RECOMEÇAR É RENASCER

Quando adoecemos, seja mental ou fisicamente, temos uma percepção diferente em relação ao tempo do que quando estamos saudáveis. Vai dizer, quando as coisas acontecem de forma positiva e tudo flui naturalmente, temos uma predisposição em postergar, adiar, deixar em suspenso ou empurrar a vida para depois. Que atire a primeira pedra quem nunca deixou para amanhã o que dava para ser feito hoje, né? Tenho certeza de que acontece comigo aqui deste lado e com você aí do outro lado também.

Quem nunca demorou mais tempo para concluir uma atividade ou entregar um projeto porque sabia que tinha espaço pra dar aquela procrastinada e, ainda assim, daria tempo de ser entregue? Quem nunca deixou para começar ou retomar a dieta na segunda-feira porque aproveitaria mais uns dias comendo todos os doces, frituras e guloseimas da face da terra?

Quem nunca?

Manter o típico pensamento: "Depois eu recupero o tempo perdido", é dizer para si mesmo que o momento presente não é tão importante assim e que, sobretudo, deixaremos o que precisa ser feito para depois. A pergunta que não quer calar é: "Deixar para depois"?

Quando?

Que tempo todo é esse que pensamos ter, mas na verdade, não temos controle algum de quando irá terminar? É justamente quando uma doença aparece ou a morte se aproxima levando embora alguma pessoa que tanto amamos é que o senso de urgência ganha uma outra dimensão dentro de nós. Redimensionamos nosso olhar entendendo que talvez não seja bem por aí que as coisas funcionem. Se nos permitirmos expandir nosso nível de consciência, logo perceberemos que o futuro pode nunca chegar.

Nunca.

Não temos nenhuma garantia de que o amanhã vai, de fato, existir e pensar sobre isso me conforta mais do que assusta. Se nós só temos o momento presente, deveríamos partir do pressuposto que o tempo é um recurso finito em que não deveríamos desperdiçá-lo de forma irresponsável. É bem neste momento que a nossa convicção de que tudo vai durar para sempre é desmanchada, ficando no meio do caminho quando entendemos que o depois não existe porque só temos o agora.

Apenas isso: nós só temos o momento presente.

Nosso desafio consiste em entender como fazer o melhor uso do tempo que nos resta, fazendo escolhas que nos levem em direção daquilo que faça o nosso coração vibrar, mesmo que sejam tão difíceis de sustentar. Colocar-se em primeiro lugar de forma alguma é egoísmo. Se você, em algum momento, se culpou por isso, trate de se perdoar e acolher. Está tudo bem. Aprender a reconhecer o tamanho do nosso valor e preciosidade é um passo importantíssimo na caminhada da evolução.

Digo isso porque demorei vinte e oito anos para me enxergar merecedora e, se não fizermos isso por nós mesmos, talvez os outros nunca o façam. Passar o resto da vida esperando por alguma migalha de reconhecimento que talvez nunca venha, pode ser um tanto quanto cruel e devastador. Por essa razão, gostaria que esse livro fosse um empurrãozinho para que você pudesse trazer à tona algumas questões que talvez esteja fugindo. Para que, de certa forma, se sinta encorajado a fazer perguntas tão importantes e não permanecer mais preso no "*E se*".

E se eu tivesse feito diferente?
E se eu tivesse me arriscado mais?
E se eu tivesse tido coragem de ser eu mesmo?
E se eu tivesse tido coragem de desapontar as pessoas?
E se eu tivesse dito não para o mundo?
E se eu tivesse acolhido as minhas vulnerabilidades?
E se eu tivesse pedido ajuda quando mais precisei?
E se eu tivesse olhado com carinho para a minha dor?
E se eu tivesse coragem de me perdoar?
E se eu ousasse recomeçar?
E se?

São pensamentos que podem nos aterrorizar num primeiro momento, mas se olharmos com carinho, também podem nos libertar. O medo do novo, do desconhecido e de sentirmos um frio na barriga pode nos deixar no mesmo lugar estagnados por um bom tempo, até adoecermos. Ou criarmos coragem de fazer diferente.

Dia desses, li uma frase de um autor desconhecido que dizia: “O fundo do poço te ensina lições que o topo da montanha jamais vai ensinar”. O que, na minha percepção, é a mais pura verdade. Fases desafiadoras podem ser ferramentas poderosas de transformação e desenvolvimento pessoal, porque a dor ensina e, se estivermos atentos, podemos usá-la para nos reconectar com a nossa própria essência que talvez estivesse tão adormecida.

Hoje, prefiro viver uma vida que faça sentido para mim e nenhum sentido para os outros, desde que eu possa colocar a cabeça no travesseiro e dormir em paz, estando ciente que assumi as rédeas da própria vida e, que todos os dias, darei um passo por vez na direção daquilo que acredito ser o certo. Um passo, mesmo que pequeno, pode ser muita coisa. Porque para subir uma escadaria inteira, precisamos subir um único degrau por vez.

Fique atento, pois nessas horas a ansiedade pode ser bastante traiçoeira querendo te levar lá para o final, fazendo você esquecer o quão importante e prazeroso é vivenciar cada uma das etapas, mesmo as mais desafiadoras. Se ela continuar insistindo, tentando te fazer pensar o contrário, apenas continue subindo, dentro do seu próprio tempo, e curtindo cada passo do aprendizado.

Apesar disso, sinta a dor.

Não fuja mais dela.

Escute o que está tentando lhe dizer e depois a liberte.

Aprenda e cresça com ela.

Sobretudo, não seja tão cruel consigo mesmo porque o mundo já pode ser um lugar bastante difícil, e na grande maioria das vezes, falamos frases maravilhosas e incentivadoras para os outros, mas lançamos a nós mesmos um chicote nas costas de tanta reprovação e cobrança. Se não tivermos compaixão por nós mesmos e pela nossa luta, podemos ser nosso pior inimigo, colocando ainda mais pedras no nosso caminho.

Por favor, não faça mais isso.

Não se cobre tanto.

Tenha empatia por sua trajetória.

Se ame acima de tudo.

Acolha suas emoções, falhas e imperfeições.

Seja seu melhor amigo.

Olhe para cada uma das suas cicatrizes com carinho porque elas fazem parte da sua história e só você sabe por tudo que já passou para chegar até aqui sem desistir. Saiba, principalmente, que nenhum problema pode ser resolvido pelo mesmo nível de consciência que o criou, então, se permita evoluir, errar, acertar e recomeçar quantas vezes forem necessárias.

Espero, de verdade, que você não se demore a perceber e, que, muito em breve, possa olhar para trás sem arrependimentos porque escolheu pagar o preço de ser você mesmo. Assim como disse no início deste livro, não estou aqui para te dizer o que fazer e como fazer, pois o meu intuito é te fazer repensar e se questionar. Se você tiver com um ponto de interrogação em mente, sedento por trilhar o caminho do autoconhecimento e buscar ajuda para lidar com a ansiedade, terei concluído a minha missão com esta obra.

Porque toda a jornada que nos leva de volta a nós mesmos, é uma longa e inesperada descoberta e, o melhor que eu posso fazer, neste exato momento, é te desejar uma boa viagem.

VOCÊ NÃO É ...

O MEDO DE ERRAR
PORQUE ESCOLHEU RECOMEÇAR

VOCÊ NÃO É ...

AQUELA VERSÃO ANTIGA DE SI MESMO
QUE JÁ NÃO LHE PERTENCE MAIS.

VOCÊ NÃO É A SUA ANSIEDADE.

"Longa é a viagem rumo a si próprio.
Inesperada é a sua descoberta".

Thomas Mann

12

MINHAS DICAS PARA VOCÊ QUE É ANSIOSO(A):

BUSQUE AJUDA PROFISSIONAL:
Não tenha vergonha de buscar ajuda de um psicólogo ou psiquiatra. Ansiedade não se trata sozinha, então quanto antes você iniciar um tratamento adequado, melhor. Sua saúde mental e física agradece.

FIQUE MENOS TEMPO ON-LINE:
Sim, as redes sociais podem ser maravilhosas em vários aspectos e um ótimo passatempo, mas também podem ser extremamente nocivas. Fique menos tempo *on-line* e curta mais a vida fora das telas.

RESPIRE CONSCIENTEMENTE:
Quando sentir a ansiedade aumentando e os sintomas atingindo todo seu corpo, respire conscientemente. Coloque o foco na respiração e, vagarosamente, inspire e expire. Conte várias respirações e não preste atenção nos seus pensamentos. Foque no momento presente e no que é real.

PRATIQUE ALGUM ESPORTE:
Descubra uma atividade física que combine com você. Pode ser dança, corrida, musculação, natação, pilates ou qualquer outra atividade. Manter-se em movimento ajuda a equilibrar o corpo e a mente.

NATUREZA, POR FAVOR!

Ficar mais tempo na natureza e respirar ar puro pode ser muito revigorante. Já parou pra escutar o barulho da água descendo de uma cachoeira? Ou o som dos pássaros cantando? A natureza é perfeita e tem um ritmo natural incrivelmente desacelerado, no qual temos muito a aprender.

PERMITA-SE MEDITAR:

Algumas pessoas pensam que são ansiosas demais para meditar e que jamais conseguirão "permanecer sentados pensando em nada". Primeiro, você precisa se permitir iniciar, conhecer a meditação de verdade e não esse monte de tabu que existe por aí. No início é bastante desafiador, mas com a prática, a meditação irá te ajudar a manter a mente calma, reconhecer os pensamentos ansiosos e prorrogar a sensação de bem-estar ao longo do dia. Baixe um aplicativo de meditação ou procure algum profissional para te auxiliar no início da prática.

MENOS CAFÉ E MAIS CHÁ:

Sim, a cafeína é uma substância estimulante que está presente no café e, se ingerida em grandes quantidades, pode causar ou aumentar alguns sintomas da ansiedade. Por isso, tome mais chá que tenha propriedades calmantes como o de camomila ou erva-cidreira.

ORGANIZE-SE:

Acordar atrasado e tropeçando em atividades para fazer pode nos deixar ainda mais ansiosos. Comece o dia organizando sua pauta de trabalho e agenda pessoal, definindo horários para tudo que irá fazer. Ter clareza do que precisa ser feito e realista quanto ao prazo de cada atividade, ajuda a manter-se focado em realizar uma coisa por vez e não tentando dar conta de tudo ao mesmo tempo.

FAÇA PAUSAS AO LONGO DO DIA:

Às vezes, a coisa mais produtiva que podemos fazer é justamente parar por alguns minutos e descansar. Engatar uma atividade depois da outra sem fazer uma pausa saudável, pode potencializar a sensação de cansaço e estresse.

ESTEJA PRESENTE:

*E*star presente no que está fazendo agora e não gastar sua energia se preocupando com o que precisa ser feito no momento seguinte, é uma dica valiosa. Você não vai dar conta de tudo, ok? Sofrer pelo futuro só fará mal para você.

LEIA BONS LIVROS:

Eu já encontrei refúgio e esclarecimento em muitas obras que mudaram minha percepção sobre a vida e ajudaram a transformar a minha visão de mundo. Caso a leitura ainda não seja um hábito em sua vida, incorpore-a o quanto antes.

* As dicas acima foram pensadas para ajudá-lo. Elas não têm o objetivo de dizer o que você deve fazer ou como deve fazer. Lembre-se: antes de iniciar qualquer atividade física, busque acompanhamento profissional.

"Eu não sou o que aconteceu comigo,
eu sou o que eu optei por me tornar".

Carl Gustav Jung

Se você chegou até aqui, o meu muito obrigada.
Quero que saiba que, escrever este livro,
me salvou das minhas próprias emoções.

AGRADECIMENTOS

O Acalma a Mente é o resultado dos aprendizados e desafios dos últimos anos. Serei eternamente grata a todos que participaram deste projeto, que antes de ser um livro, é o retrato da vida real de um ser humano um tanto quanto ansioso, que tropeça, falha, aprende suas lições e, principalmente, se encorajou a compartilhá-las.

Este livro não teria nascido se tivesse feito tudo sozinha. Sou a soma das pessoas incríveis que convivo e também daquelas que tive a oportunidade de conhecer ao longo de todos esses anos e que contribuíram tanto no meu desenvolvimento pessoal quanto profissional. Acreditem, vocês deixaram suas marcas em mim.

O meu agradecimento especial ao Ricardo Matzenauer Filho, namorado e melhor amigo, que segurou a minha mão nos momentos mais difíceis, sempre incentivando-me a superar cada obstáculo que a Síndrome do Pânico é capaz de apresentar, mostrando o tamanho e potência da minha força interior antes de eu ser capaz de acessá-la. Por ser extremamente reservado, coloquei-o discretamente dentro desta obra, mas quero que saiba que tê-lo ao meu lado em todas as situações reforça a minha crença de que o amor verdadeiro existe. Ele é real.

Aos meus pais, Ivani Luiz Cantú e Eva Cleneci de Souza Cantú, que me ensinaram os valores que levarei para a vida e mostraram através do exemplo a importância do trabalho árduo para concretização dos nossos sonhos. Às minhas irmãs, Luana Cantú e Leandra Cantú, tão acolhedoras e pacientes, que estarão para sempre eternizadas nas histórias da minha infância e, principalmente, no meu coração.

Agradeço, com profunda gratidão e generosidade, a Lívia Gisele de Freitas Muller, que além de ser a melhor psicóloga do mundo, se tornou um apego seguro. Com ela, tornei-me capaz de ultrapassar as limitações impostas pela minha própria mente, aceitando cada imperfeição e acolhendo todos os meus medos, tornando-me um ser humano melhor e, sobretudo, livre. Sempre digo: todos deveriam ter uma Lívia em suas vidas.

É sério.

À Eduarda Neves, Marciele Fernandes, Fernanda Muller Farias e Jenifer Dreher, que acreditaram no meu potencial como escritora. Enquanto eu tinha dúvidas, elas tinham certezas e não permitiram que eu desistisse da escrita. Que graça teria a vida se não tivéssemos amigos tão especiais como vocês?

À Lella Malta, mentora literária, que de forma ética e profissional, ajudou a construir este livro quando era apenas uma ideia, um lampejo de algo que eu não fazia ideia do que fazer para materializar. Juntas, no universo da autopublicação, tornamos esta obra muito melhor do que imaginei sozinha. Estendo também o agradecimento às pessoas da sua equipe que foram incríveis. Que time!

À Júlia Medeiros Rodrigues, diretora criativa, que desenvolveu a capa deste livro e também a identidade visual da página do Acalma a Mente no *Instagram*. Teu olhar poético e sensibilidade artística me encantam profundamente. O mundo precisa te conhecer o quanto antes.

À Eliane Cantú, que além de tia, se tornou uma grande incentivadora, sempre me oferecendo aconchego nos momentos que mais precisei. Que privilégio ter por perto pessoas como você que espalham sua luz de forma genuína, sem pedir nada em troca.

À Gisela Maria Matzenauer, que além de sogra, se tornou uma apoiadora diária e, mesmo travando suas próprias batalhas contra o câncer, buscou forças para me impulsionar.

E, por último, mas não menos importante, a todos que estão com este livro em mãos e chegaram até aqui. Obrigada por acreditarem e apoiarem o meu trabalho, tornando este sonho real.

Antes que eu esqueça: O mundo é nosso.

Dos ansiosos.

SOBRE A AUTORA

LUCIANA CRISTINA CANTÚ é Escritora, Publicitária, Especialista em Marketing e Pós-Graduanda em Inteligências Múltiplas e *Mindfulness*. É apaixonada por comunicação e pelo poder das palavras como ferramenta de autoconhecimento e transformação.

Além disso, é louca por viagens, literatura e ama descobrir cafeterias e livrarias ao redor do mundo. Acredita em energia, sincronicidade, nas conexões do universo e que absolutamente nada acontece por acaso.

Como boa pisciana atrapalhada, é sonhadora e passa mais tempo com a cabeça na lua do que com os pés no chão. Nascida no Rio Grande do Sul, é viciada em tomar e, sobretudo, derrubar o chimarrão.

Caso queira entrar em contato comigo, me encontrará no Instagram através do meu perfil pessoal @luciianacantu ou através do e-mail: luciiana.cantu@gmail.com .

www.ingramcontent.com/pod-product-compliance
Ingram Content Group UK Ltd.
Pitfield, Milton Keynes, MK11 3LW, UK
UKHW041639190726
13854UKWH00006B/2591